2020年“优秀通俗理论读物出版工程”

高校主题出版 GAOXIAO ZHUTI CHUBAN

“读懂新时代”丛书

教育部组织编写

读懂新时代

制度何以自信

肖贵清 等◎著

中国人民大学出版社
· 北京 ·

总序 FOREWORD

经过长期努力，中国特色社会主义进入了新时代，这是中国发展新的历史方位。习近平总书记鲜明指出：“这个新时代，是承前启后、继往开来、在新的历史条件下继续夺取中国特色社会主义伟大胜利的时代，是决胜全面建成小康社会、进而全面建设社会主义现代化强国的时代，是全国各族人民团结奋斗、不断创造美好生活、逐步实现全体人民共同富裕的时代，是全体中华儿女勠力同心、奋力实现中华民族伟大复兴中国梦的时代，是我国日益走近世界舞台中央、不断为人类作出更大贡献的时代。”这一重大思想观点深刻表明，这个新时代不是别的什么新时代，而是中国特色社会主义新时代。这个新时代的历史任务就是一以贯之地坚持和发展中国特色社会主义，实现中华民族的伟大复兴。

中国特色社会主义，是改革开放以来党的全部理论和实践主题，是中国共产党带领全体中国人民历尽千辛万苦、付出巨大代价取得的宝贵成果，也是当代中国取得一切成就和进步的根本原因。道路、理论、制度、文化是中国特色社会主义的四个支柱，也是中国特色社会主义的根本标志。

方向决定道路，道路决定成败。中国特色社会主义道路是实现中华民族伟大复兴的根本途径。这条道路来之不易，它是在改革开放40多年的伟大实践中得来的，是在中华人民共和国成立70多年的持续探索中得来的，是在我们党领导人民进行伟大社会革命90多年的实践中得来的，是在近代以来中华民族由衰到盛170多年的历史进程中得来的，是在世界社会主义500多年波澜壮阔的发展历程中得来的，是在对中华文明5 000多年的传承发展中得来的，具有深厚的历史渊源和广泛的现实基础。历史和现实充分证明，这条道路是实现社会主义现代化、创造人民美好生活、实现中华民族伟大复兴的必由之路，是当代中国大踏步赶上时代、引领时代发展的康庄大道。坚持中国特色社会主义道路，关乎国家前途、民族命运、人民福祉。

科学理论是推动工作、解决问题的“金钥匙”。中国特色社会主义理论体系是实现中华民族伟大复兴的行动指南。这一理论体系，是包含邓小平理论、“三个代表”重要思想、科学发展观、习近平新时代中国特色社会主义思想在内的科学理论体系，是马克思主义与当代中国实际和时代特征相结合的产物，是党和人民实践经验和集体智慧的结晶。实践证明，这一理论体系紧密结合我国改革发展实际，紧密结合新的时代条件，是立于时代前沿、与时俱进的科学理论，是指导党和人民沿着中国特色社会主义道路实现中华民族伟大复兴的正确理论。

制度是关系党和国家事业发展的根本性、全局性、稳定性、长期性问题。中国特色社会主义制度是实现中华民族伟大复兴的根本保障。这一制度，是党和人民在长期实践探索中形成的科学制度体系，是实现国家治理体系和治理能力现代化的根本依据；这一制度，坚持把根本政治制度、基本政治制度同法律体系、基本经济制度以及各方面体制机制等具体制度有机结合起来，坚持把党的领导、人民当家作主、依法治国有机结合起来，符合我国国情。实践证明，这一制度是当代中国发展进步的根本制度保障，是具有鲜明中国特色、明显制度优势、强大自我完善能力的先进制度。

文化是一个国家、一个民族的灵魂。文化兴国运兴，文化强民族强。中国特色社会主义文化是实现中华民族伟大复兴的精神动力。这一文化，源自中华民族5 000多年文明历史所孕育的中华优秀传统文化，熔铸于党领导人民在革命、建设、改革中创造的革命文化和社会主义先进文化，植根于中国特色社会主义伟大实践，是以马克思主义为指导的，面向现代化、面向世界、面向未来的，民族的科学的大众的社会主义文化。实践证明，这一文化是激励全党全国各族人民奋勇前进的强大精神力量。

中国特色社会主义是道路、理论、制度、文化高度统一的，既把成功的实践经验上升为理论，又以正确的理论指导新的实践，还把实践中已见成效的方针政策及时上升为党和国家的制度，将中国特色社会主义文化贯穿于道路、理论、制度的形成发展过程中，为推进中国特色社会主义的优越性事业提供精神动力。所以，中国特色社会主义特就特在其道路、理论、制度、文化上，特就特在其实现途径、行动指南、根本保障、精神动力的内在联系上，特就特在这四者统一于中国特色社会主义伟大实践中。

党的十八大以来，习近平总书记多次强调，中国特色社会主义是社会主义而不是其他什么主义，科学社会主义基本原则不能丢，丢了就不是社会主义。中国特色社会主义，承载着几代中国共产党人的理想和探索，寄托着无数仁人志士的夙愿和期盼，凝聚着亿万人民的奋斗和牺牲，是近代以来中国社会发展的必然选择，是发展中国、稳定中国的必由之路。实践充分证明，中国特色社会主义是科学社会主义理论逻辑和中国社会发展历史逻辑的辩证统一，是根植于中国大地、反映人民意愿、适应中国和时代发展进步要求的科学社会主义，是中国共产党和中国人民团结的旗帜、奋进的旗帜、胜利的旗帜。“历史已经并将继续证明，只有社会主义才能救中国，只有坚持和发展中国特色社会主义才能实现中华民族伟大复兴。”

当今世界正经历百年未有之大变局，当代中国正处于实现中华民族伟大复兴的关键时期。习近平总书记指出：“实现中华民族伟大复兴，必须坚定中国特色社会主义道路自信、理论自信、制度自信、文化自信。”改革开放以来，特别是党的十八大以来，我们对共产党执政规律、社会主义建设规律、人类社会发展规律的认识和把握不断深入，开辟了中国特色社会主义理论和实践发展的新境界，中国特色社会主义取得举世瞩目的成就，中国特色社会主义在21世纪的中国焕发出强大生命力。在新发展阶段，只有坚定“四个自信”，才能毫无畏惧面对一切困难和挑战，才能坚定不移开辟新天地、创造新奇迹。我们必须保持强大前进定力，既不走封闭僵化的老路，也不走改旗易帜的邪路，真正做到“千磨万击还坚劲，任尔东西南北风”。

为推进中国特色社会主义伟大事业，巩固坚实的思想基础，坚定中国特色社会主义“四个自信”，教育部组织编写了“‘读懂新时代’丛书”，目的在于阐释中国特色社会主义道路、理论、制度、文化的理论逻辑、历史逻辑和实践逻辑，深刻阐明新时代坚持和发展中国特色社会主义的重大意义，坚持不懈用习近平新时代中国特色社会主义思想铸魂育人，深入推动党的创新理论进教材、进课堂、进头脑，培养担当民族复兴大任的时代新人。

“‘读懂新时代’丛书”是在教育部党组书记、部长陈宝生直接领导，党组成员、副部长翁铁慧具体指导下，由教育部社会科学司组织编写，经国家教材委员会专家委员会审核通过的高校思想政治理论课教学辅助读物。希望本套丛书的出版，能够更好地帮助广大青年学生增强“四个意识”，坚定“四个自信”，做到“两个维护”，深刻认识中国共产党为什么能、马克思主义为什么行、中国特色社会主义为什么好、中华文化为什么兴，坚定听党话、跟党走的自觉，把爱国情、强国志、报国行自觉融入坚持和发展中国特色社会主义事业、建设社会主义现代化强国、实现中华民族伟大复兴的奋斗之中，使青年学生努力成长为德智体美劳全面发展的社会主义建设者和接班人。

前言 PREFACE

为什么要坚定制度自信

中国特色社会主义制度是以马克思主义为指导、植根中国大地、具有深厚中华文化底蕴、深得人民拥护的制度，是具有强大生命力和巨大优越性的制度，是能够持续推动拥有14亿多人口的大国进步发展、确保拥有5 000多年文明史的中华民族实现“两个一百年”奋斗目标进而实现伟大复兴中国梦的制度。中国人民拥有了前所未有的道路自信、理论自信、制度自信、文化自信，中华民族伟大复兴展现出前所未有的光明前景。

制度优势是一个国家的最大优势，制度竞争是国家间最根本的竞争。制度稳则国家稳。看一个制度好不好、优越不优越，要从政治上、大的方面去评判和把握。谈到政治制度时，习近平总书记指出：“评价一个国家政治制度是不是民主的、有效的，主要看国家领导层能否依法有序更替，全体人民能否依法管理国家事务和社会事务、管理经济和文化事业，人民群众能否畅通表达利益要求，社会各方面能否有效参与国家政治生活，国家决策能否实现科学化、民主化，各方面人才能否通过公平竞争进入国家领导和管理体系，执政党能否依照宪法法律规定实现对国家事务的领导，权力运用能否得到有效制约和监督。”党的十九届四中全会系统地从十三个方面概括了中国特色社会主义制度显著优势，例如：坚持党的集中统一领导，坚持党的科学理论，保持政治稳定，确保国家始终沿着社会主义方向前进的显著优势；坚持人民当家作主，发展人民民主，密切联系群众，紧紧依靠人民推动国家发展的显著优势；坚持全面依法治国，建设社会主义法治国家，切实保障社会公平正义和人民权利的显著优势；坚持全国一盘棋，调动各方面积极性，集中力量办大事的显著优势；坚持各民族一律平等，铸牢中华民族共同体意识，实现共同团结奋斗、共同繁荣发展的显著优势……这些显著优势，是我们坚定中国特色社会主义道路自信、理论自信、制度自信、文化自信的基本依据。

中国发展进步的辉煌成就是在中国特色社会主义制度的保障下取得的，这是制度自信最充分的根据。“听言不如观事，观事不如观行。”国家制度和国家治理体系管不管用、有没有效，实践是最好的试金石。新中国成立 70 多年来，我们党领导人民创造了世所罕见的两大奇迹：一是经济快速发展奇迹。我国大踏步进入新时代，用几十年时间走完了发达国家几百年走过的工业化进程，跃升为世界第二大经济体，综合国力、科技实力、国防实力、文化影响力、国际影响力显著提升，人民生活水平显著提高，中华民族以崭新姿态屹立于世界的东方。二是社会长期稳定奇迹。我国长期保持社会和谐稳定、人民安居乐业，成为国际社会公认的最有安全感的国家之一。可以说，在人类文明发展史上，除了中国特色社会主义制度和国家治理体系外，没有任何一种国家制度和国家治理体系能够在这样短的历史时期内创造出我国取得的经济快速发展、社会长期稳定奇迹。

中国特色社会主义制度自信是有效提升我国文化软实力的题中应有之义。美国学者约瑟夫·奈把政治价值观和政治制度作为软实力的重要内容，认为软实力包括“有吸引力的文化、意识形态和制度”。中国特色社会主义制度是中国共产党在长期的革命、建设和改革实践过程中，根据中国国情进行的制度设计和安排，凝聚着无数仁人志士为之奋斗的心血，是中国共产党创造性地将科学社会主义基本原则与中国实际相结合的产物，符合中国基本国情和历史文化传统，是历史和人民的必然选择。中国特色社会主义制度具有鲜明特色和显著优势，具有强大的感召力和影响力，取得了丰硕的实践成果，得到了广大人民群众的广泛赞誉，也得到了国际社会的广泛认同，对提升国家文化软实力具有重要作用。同时，坚定制度自信不是自视清高、自我满足，更不是裹足不前、固步自封，而是要把坚定制度自信和不断改革创新统一起来，在坚持根本制度、基本制度的基础上，对不适应新时代发展和人民利益诉求的制度和体制进行改革和创新，从而减少不必要的内耗，缩短发展中的阵痛，不断推进制度体系发展和完善，这对国家文化软实力提升具有重要意义。

坚定制度自信为全面深化改革提供了强有力的心理和信念支撑。自信是意志坚定和行为自觉的前提。人无自信，无以自进；国无自信，无以自强。从社会心理角度看，制度自信是党和人民对中国特色社会主义制度的价值、优势和特色的肯定，它是在中国特色社会主义成功实践中逐步积淀和形成的，能够激发党和人民群众的信心和勇气，为全面深化改革提供了强有力的心理和信念支撑。一方面，能够增强面对困难的勇气，展示中国共产党的顶层设计能力，充分依靠全党和全国人民，推动社会主义现代化建设事业不断前进，充分彰显中国共产党的领导是中国特色社会主义制度的最大优势。对改革开放过程中出现的问题，能够采取正确的态度，保持乐观和积极的心态，逐步克服并最终解决这些问题。另一方面，能够为全面深化改革提供信念支撑。一个国家，一个民族，要同心同德迈向前进，必须有共同的理想信念做支撑。我们要不断增强道路自信、理论自信、制度自信、文化自信，让理想信念的明灯永远在全国各族人民心中闪亮。

《墨子》有云：“君子进不败其志，内究其情，虽杂庸民，终无怨心，彼有自信者也。”有自信，才能有理想、有目标，才能有更高的思想境界和精神动力。坚定中国特色社会主义制度自信，能够使人们在中国特色社会主义建设和发展中，保持积极主动的精神状态，对各种矛盾和问题进行理论和实践上的探索，推动中国特色社会主义建设实践达到目的；能够使人们在任何时候都有坚强的意志和内在的精神力量，在各种思潮干扰中划清界限、站稳立场，始终坚持坚定的政治方向，不畏任何风险，不被任何干扰所惑；能够使人们充分认识到自己在建设和发展中国特色社会主义、实现中华民族伟大复兴事业中的主体地位，从而使全国各族人民团结在中国特色社会主义旗帜下，积聚起强大的能量，共同推进中华民族伟大复兴事业的发展。

处于“拔节孕穗期”的青年学生，正是世界观、人生观、价值观形成的关键时期，让他们深刻理解中国特色社会主义制度的实践基础、文化底蕴、发展历程、显著优势、重大作用等，有助于他们坚定制度自信，抵制各种错误思想的影响，进一步激发他们爱国爱党、奉献担当的热情，使他们成长为社会主义事业的合格建设者和可靠接班人。

目录 CONTENTS

01

第一章 “人民对美好生活的向往”

——如何理解社会主义制度的追求

幸福生活从来都是人类的美好理想，从古希腊柏拉图的《理想国》到 1 600 多年前我国陶渊明勾画的“土地平旷，屋舍俨然，有良田美池桑竹之属，……黄发垂髫，并怡然自乐”的桃花源，人们始终对其孜孜以求。随着近代国家的形成，资本主义制度的兴起与发展，人们在获得了更多物质财富的同时，却失去了自由，成为资本的奴隶，如何才能砸碎这枷锁？在深刻批判资本主义的同时，共产主义理想越来越清晰。中国共产党人继承和发展了马克思、恩格斯创立的科学社会主义理论，确立了中国特色社会主义制度，为我们不断追求和实现幸福生活提供了制度保障。

一、社会主义是人类追求美好生活的制度成果

社会主义到底是什么？中国为什么坚持走社会主义道路？透彻理解这些问题，要先从社会说起。社会是一种组织形态。组织是人与人之间形成的特定关系结构，不同的社会有着不同的组织结构，就像自然界中的金刚石和石墨，“组织结构”决定了它们有天壤之别的性状。人类社会亦是如此，在不同国度、不同的历史时期，社会有着不同的样态。

资本主义社会是以生产资料私有制为核心的社会结构。在这样的社会中，社会资源、组织关系甚至人本身都决定于资本，内在于资本主义私有制的增值冲动是资本主义社会的动力，也是困境之源。资本主义社会中，资本掌控了全部社会生活，资本家是资本的人格化，而劳动被异化成为劳动者生存的工具，也就成了人类的枷锁。人类进入资本主义社会，虽然生产力迅速

发展、物质财富不断积累，但劳动者仍然处于困境之中。人们不禁会问：为什么挣脱了专制还是不能获得幸福和自由？

知识点

托马斯·莫尔，空想社会主义学说的创始人，他的名著《乌托邦》(《关于最完美的国家制度和乌托邦新岛的既有益又有趣的金书》) 对资本主义的批判广为人知："绵羊本来是很驯服的，所欲无多，现在它们却变得很贪婪和凶狠，甚至要把人吃掉，它们要踏平我们的田野、住宅和城市。"

社会主义是对于资本主义社会反思和批判的成果，主张全社会应作为整体，由社会拥有和控制资本、土地，资源的管理和分配应基于公共利益。1516 年托马斯·莫尔的《乌托邦》一书问世，人类对理想社会的向往进入"空想社会主义"时期。此后的 300 多年，社会主义理想一直在乌托邦的荒野中徘徊，历经三个发展阶段，直到成为科学。

16—17 世纪，资本主义原始积累时期滋生的苦难，激起了人们的反思和批判。以莫尔和康帕内拉为代表的早期空想社会主义者，以文学游记的形式揭露资本主义私有制的罪恶，幻想了一个消灭了私有制、消灭了剥削、没有压迫的理想社会，但这种脱离人类社会现实的生活图景，只能是幻想。

名言金句

德国的理论上的社会主义永远不会忘记，它是站在圣西门、傅立叶和欧文这三个人的肩上的。虽然这三个人的学说含有十分虚幻和空想的性质，但他们终究是属于一切时代最伟大的智士之列的，他们天才地预示了我们现在已经科学地证明了其正确性的无数真理。

——恩格斯

18 世纪资本主义工场手工业快速发展，劳动者被剥夺被压迫的生活境况更加糟糕，空想社会主义者开始摆脱虚构和幻想，面对现实，追寻问题根源，从法理制度的角度批判资本主义私有制。以法国的摩莱里、马布利、巴贝夫为代表，以法律条文的形式阐述理想社会的制度原则。恩格斯称 18 世纪的空想社会主义是“直接共产主义的理论”。

19 世纪，随着工业革命的展开和资产阶级进入全面统治时期，空想社会主义也在阶级矛盾空前激烈、工人运动蓬勃兴起的背景下发展到历史的顶峰。法国的圣西门、傅立叶和英国的欧文是杰出代表，马克思称他们是“社会主义创始人”。他们继承了已有的空想社会主义思想，在更加深入批判资本主义私有制的同时，以理论的形式阐释社会主义制度的建构原则。他们批判资本主义经济制度，指出私有制是资本主义社会的万恶之源；他们批判资本主义政治制度，揭示了资产阶级宣扬的民主、平等、自由的欺骗性；他们批判资本主义道德观，揭露利己主义是导致资本主义道德沦丧、社会危机的根源。

> **名言金句**
>
> 不成熟的理论，是同不成熟的资本主义生产状况、不成熟的阶级状况相适应的。解决社会问题的办法还隐藏在不发达的经济关系中，所以只有从头脑中产生出来。
>
> ——恩格斯

虽然空想社会主义学说有着重大的历史进步意义，但是由于资本主义制度、阶级状况都不成熟，决定了空想社会主义理论的不成熟。空想社会主义者只能从道德上抨击资本主义制度，而不能揭示社会发展的客观规律和资本主义制度的本质。他们将无产阶级作为同情的对象，希望通过呼吁、宣传及社会实验来实现幸福生活，却看不到无产阶级本身就是创造新社会的力量。

社会主义从空想到科学，经历了从实践到理论，再从理论到实践，反复检验、不断升华的历史过程。

产业革命为科学社会主义提供了经济条件和阶级基础。18 世纪，牛顿力学、瓦特蒸汽机等科技成果强劲推动着资本主义生产力的发展，机器大工业日渐替代工场手工业，资本主义生产方式在欧洲全面确立。随着资本主义世界市场的不断拓展，内在于资本主义的矛盾开始激化，经济危机

> **知识点**
>
> 法国里昂工人喊出“不能劳动而生，就要战斗而死”的口号。法国里昂丝织工人起义、英国宪章运动、德国西里西亚纺织工人起义并称欧洲三大工人运动。它们的爆发标志着无产阶级作为独立的政治力量登上历史舞台。

周期性爆发。在资产阶级处于统治地位的同时，现代无产阶级也不断壮大。19世纪三四十年代欧洲爆发的三次工人运动，标志着无产阶级作为独立的政治力量登上历史舞台。资本主义制度的出路在哪里？无产阶级的命运会怎样？人类社会的未来将如何？一个个实践问题，催生着科学社会主义理论。

唯物史观和剩余价值理论两大发现为科学社会主义提供了理论基石。唯物史观把唯物主义和辩证法统一起来，把辩证唯物主义历史观和自然观统一起来，重建了研究人类社会的方法论，发现了社会发展的一般规律。第一，唯物史观揭示了生产力与生产关系、经济基础和上层建筑之间的矛盾运动是社会发展的根本动力。资本主义制度下生产力必然不断发展，也必然加剧生产资料私有制与社会化大生产之间的矛盾，人类社会必然要从资本主义走向社会主义、共产主义。第二，唯物史观揭示了阶级斗争是阶级社会发展的直接动力。唯有无产阶级革命，建立工人阶级政权，对社会进行革命性改造，从中找出解决矛盾的办法。第三，唯物史观揭示了人民群众是历史的创造者，是社会财富和精神财富的创造者，是实现社会变革、推动社会前进的决定力量。人类社会发展的普遍规律一经揭示，资本主义必将灭亡和社会主义必然胜利便得到了科学论证。

马克思把唯物史观运用于对资本主义生产方式的批判，创立了剩余价值理论，揭示了资本主义社会的基本矛盾和发展趋势，彻底厘清了资本和劳动的关系，发现了资本剥削雇佣劳动者的秘密。第一，揭示了资本主义生产的目的是获取利润、榨取剩余价值。这一目的注定了生产资料私有制与生产的社会化趋势之间的矛盾不断加剧，唯有改变生产资料私有制才是

> 名言金句
>
> 资本来到世间，从头到脚，每个毛孔都滴着血和肮脏的东西。
>
> ——马克思

社会发展的出路。第二，揭示了无产阶级与资产阶级的矛盾有着深厚的经济根源，难以调和，只有推翻资本主义制度，人类才能最终获得解放，资本主义制度不仅造就了自身灭亡的物质条件，也造就了自己的掘墓人。

乌托邦的局限性被克服了，社会主义的产生和胜利是社会经济形态有规律更替的自然历史过程。马克思和恩格斯于1848年2月发表《共产党宣言》，标志着科学社会主义的诞生。

科学社会主义理论形成之后，在欧洲经历了实践检验。1848年，马克思、恩格斯参加欧洲革命，1871年总结巴黎公社的经验教训，在对各种错误思潮的批判中，科学社会主义理论不断丰富和完善。《1848年至1850年的法兰西阶级斗争》《法兰西内战》《资本论》《哥达纲领批判》《反杜林论》等经典名篇问世，科学社会主义形成了系统完整的理论体系。科学社会主义理论揭示了“两个必然”：社会主义必然胜利，资本主义必然灭亡；提出了“两个决不会”。“资产阶级的灭亡和无产阶级的胜利是同样不可避免的。”“两个必然”和“两个决不会”共同构成了科学社会主义理论的核心内容。

> 名言金句
>
> 无论哪一个社会形态，在它所能容纳的全部生产力发挥出来以前，是决不会灭亡的；而新的更高的生产关系，在它的物质存在条件在旧社会的胎胞里成熟以前，是决不会出现的。
>
> ——马克思

二、社会主义制度的实践

科学社会主义理论一旦为无产阶级掌握就爆发出了强大的生命力。恩格斯说过：“所谓‘社会主义社会’不是一种一成不变的东西，而应当和任何其他社会制度一样，把它看成是经常变化和改革的社会。”随着国际工人运动的发展、社会主义实践的丰富和资本主义社会的新变化，科学社会主义理论不断丰富发展，体现出真正的科学性和开放性的特点。

巴黎公社是无产阶级专政的第一次尝试。巴黎公社划时代的历史功绩在于打碎了旧的国家机器，用无产阶级政权代替了资产阶级国家机器，从而找到了无产阶级获得解放的政治形式。巴黎公社首先废除了原有政府的常备军和警察，真正掌握了革命的武装力量，通过真正意义上的民意选举，消灭了一切旧有的官僚机构，由可以信任的工人阶级中的卓越代表来掌握国家权力，以整个社会的名义对社会实施自治式的管理。巴黎公社的制度实践凸显了无产阶级新型国家政权的特征，无产阶级政权不仅是维护阶级利益的工具，也是彻底消灭阶级剥削和压迫、最终达到人类解放的政治形式。马克思热情赞颂了公社的革命成就，肯定公社是一种可以实现工人阶级统治的“共和国”形式，是无产阶级自身解放发展的制度创造。

社会主义制度首先在资本主义不发达国家变为现实。十月革命的胜利标志着科学社会主义不再只是一种理论学说，而是成为在实践中不断完善发展的现实社会制度。列宁的国家制度理论贯穿于20世纪俄国无产阶级革命的全过程。随着俄国无产阶级作为政治力量登上政治舞台，列宁成为革命的实干家和领导者，并在革命历程中锻炼成熟，开创了列宁主义。

> **名言金句**
>
> 战争异常地加速了垄断资本主义向国家垄断资本主义的转变，从而使人类异常迅速地接近了社会主义，历史的辩证法就是如此。
>
> ——列宁

社会主义制度不是在最发达的资本主义国家，而是在不发达的资本主义国家首先建成。从世界历史进程来看，20世纪初的俄国，资本主义生产方式的内在矛盾不断激化，经济危机频繁发生，阶级矛盾不断加深。资本主义进入帝国主义阶段昭示着资本主义体系内的各种矛盾激化，战争不可避免，世界格局处于动荡和重构之中。在整个资本主义世界链条上会存在薄弱环节，社会主义可能首先在少数甚至在单独一个资本主义国家内获得胜利。

从俄国的现实国情来看，具备了探索社会主义制度的一般条件。经济上，始于 1861 年的废除农奴制度改革使得俄国的资本主义得以快速发展，虽然其仍带有浓厚的东方专制色彩，但足以为社会主义制度实践提供基本物质条件。政治上，俄国的政治民主意识未能广泛深入推进，经过资产阶级政治斗争而建立的各种议会式机构，都不过是从属于沙皇的摆设和工具。俄国资本主义发展阶段呈现出的双重特征，既革命又专制，既开新又保守，既有先进的革命思想和激进的革命行动，又有落后的社会文化和政治基础。落后的国情制约着俄国的开新进程，也决定了俄国社会主义制度实践的复杂性。

那么，在俄国，无产阶级专政通过什么样的形式才能实现呢？列宁在领导俄国革命时发现了苏维埃是俄国无产阶级专政的具体组织形式。苏维埃是 1905 年俄国革命过程中，工人群众自己创立的领导机关，列宁

苏维埃，起源于 1905 年俄国革命，当时是一种工人和士兵的直接民主形式，代表可以随时选举并随时更换，也是巴黎公社式的政权形式。十月革命以后，苏维埃成为俄国新型政权的标志。1931 年 11 月 7 日，在江西瑞金举行的“中华苏维埃第一次全国代表大会”宣告中华苏维埃共和国临时中央政府成立。此次代表大会成为我国人民代表大会制度的雏形。

敏锐指出苏维埃是革命政权的萌芽。根据巴黎公社的经验，无产阶级夺取政权是为获得真正解放、继续进行革命的基础。十月革命胜利后，列宁进一步肯定苏维埃是俄国无产阶级专政最好的国家形式，他同时也指出，每个民族走向社会主义时，将会创立适合于自己民族特点的国家组织形式。

在苏维埃政权建立之初，列宁认为社会主义制度建设将是一个长期的过程，必须经历足够的经济社会发展，但是大规模的国内战争和外国武装干涉使得苏维埃俄国被重重包围，新生的无产阶级政权处于生死存亡的关头。

非常时期的非常政策。“社会主义祖国在危急中！”集中一切力量赢得战争，保卫苏维埃政权，成了压倒一切的任务。苏维埃俄国在经济领域采取了一系列战时措施，即“战时共产主义政策”。在农业领域实施“余粮征集制”，除口粮、种子之外将农民的一切余粮尽数收集到国家手中，后来征集又扩大到马铃薯、肉类，以解决苏维埃俄国的粮食困境。生产领域实行大规模国有化，无论大小企业，一律收归国有，实行高度集中的管理，以便取得财力、物力资源来进行战争，粉碎资产阶级的经济实力；交换领域禁止自由贸易，取消商品生产；分配领域，实行实物配给制。为了保证前线官兵和工厂劳动的需要，实行成年人劳动义务制，“不劳动者不得食”。

【历史回声】

我们决定性战斗的最后钟声已经敲响。是最终解决问题的时刻了：目的是保证无赎买土地、工厂和银行交给劳动人民。给我们粮食吧，我们就不会被饥饿整垮并且我们就有可能将反对强盗世界的步枪紧紧地握在手中。社会主义祖国在危急中！粮食！粮食！粮食！

——苏维埃人民委员会《给产粮区和省份全体农民的呼吁书》(1918 年 2 月)

战时共产主义的非常制度在巩固了苏维埃政权的同时，也隐藏着严重的问题。随着苏联进入和平建设时期，各种制度弊端开始凸显并制约着社会发展。

新经济政策的政策反思与制度完善。在经历了内外战争之后，苏俄满目疮痍，人民生活困顿，无产阶级队伍涣散。经济危机引起了严重的政治危机，特别是不少布尔什维克领导人将战时共产主义看作向共产主义过渡的必要途径，在战争结束后，仍旧严格实行余粮征集制，激起了农民的反抗和工人的不满，甚至出现了“要苏维埃，不要布尔什维克”的政治口号。为了扭转这一局面，列宁带领俄国共产党（布）人进行了尊重现实的理论研究，反思、重构了一系列制度，包括新经济政策等。

> **知识点**
>
> 苏维埃俄国一般指十月革命后至 1922 年 12 月 30 日苏维埃社会主义共和国联盟成立前的俄国，简称苏俄；苏维埃社会主义共和国联盟简称苏联。

在经济建设领域，尊重苏俄的国情和现实条件，推行新经济政策。“苏维埃共和国的首要任务是恢复生产力，发展农业、工业和运输业”，将注意力从巩固政权、保卫政权转移到经济建设上来。列宁主张“研究市场”，实行国家资本主义，“同社会主义比较，资本主义是祸害。但同中世纪制度、同小生产、同小生产者涣散性引起的官僚主义比较，资本主义则是幸福。……所以我们应该利用资本主义……”。在生产管理领域，改革高度集中的管理方式，还农民和企业以生产经营自主权，充分调动劳动者的积极性。在农村，以粮食税替代余粮征集制，将种地的经营自主权交还农民；在城市，允许小型的私人企业存在，推动国有企业自主经营、自我管理，实行经济核算、分级管理，按商业原则办事。在流通领域，允许商品买卖，实行自由贸易。无产阶级国家必须“掌握商业，引导商业”。在分配领域，放弃平均分配，代之以“按劳分配”，建立多劳多得的奖惩制度，促进竞争。

新经济政策的实施，调动了人民积极性，苏俄很快摆脱危机，苏维埃政权得以巩固，布尔什维克得到拥护。事实证明，新经济政策是基于相对落后的经济文化国情，客观总结经验教训，找到的一条通向社会主义的正确途径，是苏俄制度实践中的可贵经验。

新经济政策的实践探索给后人提出了一个重要的实践问题：国家资本主义作为向社会主义过渡的经济形式，应该如何坚持社会主义价值、原则，使在促进经济发展的同时，不至于导致制度发展偏离社会主义方向？

列宁的制度建设思想和他缔造的第一个社会主义共和国的制度实践，对于中国特色社会主义制度建设而言具有理论的蓝本意义和实践的镜鉴意义。理论的蓝本是指列宁的制度实践及其理论阐释对于社会主义制度建设具有第一手实践探索的宝贵意义；实践的镜鉴是指从十月革命开始的苏俄制度构建到国内革命时期采取的战时共产主义政策和苏联国家制度在斯大林领导下的运行困境，整个过程中的得失功过对于所有国家的社会主义制度建设而言是前车之鉴，更是中国特色社会主义制度发展和完善、反思和创新的参照对象。

三、社会主义制度的价值原则

“中国特色社会主义是社会主义而不是其他什么主义，科学社会主义基本原则不能丢，丢了就不是社会主义。”科学社会主义基本原则是马克思主义的核心内容，是基于无产阶级革命实践的科学原则。马克思、恩格斯发现了生产力和生产关系、经济基础和上层建筑的矛盾运动规律，揭示了资本主义生产方式固有的矛盾，“生产社会性和生产资料私人占有”之间的矛盾是不可克服的，资本主义制度必然会被更高级的社会制度替代。“资本主义必然灭亡和社会主义必然胜利”，无产阶级革命正是遵循这一规律的历史使命，科学社会主义原则是遵循这一规律的基本原则。

知识点

社会主义社会和资本主义社会具有决定意义的差别主要包括：

一是在生产资料公有制基础上组织生产，满足全体社会成员的需要是社会主义生产的根本目的；二是对社会生产进行有计划的指导和调节，实行等量劳动领取等量产品的按劳分配原则；三是合乎自然规律地改造和利用自然；四是无产阶级革命是无产阶级进行斗争的最高形式，必须由无产阶级政党领导，以建立无产阶级专政的国家为目的；五是通过无产阶级专政和社会主义高度发展，最终实现向消灭阶级、消灭剥削、实现人的全面而自由发展的共产主义社会的过渡。

——中共中央宣传部理论局. 世界社会主义五百年（党员干部读本）. 北京：学习出版社，2014.

科学社会主义基本原则不是对未来社会的预测和具体发展的细节规定。坚持科学社会主义基本原则不能僵化、教条，必须坚持解放思想、实事求是的精神，将科学社会主义基本原则与社会主义探索的具体实际结合起来，在实践中坚持和发展科学社会主义。制度是生长在一定社会文化中的行为规范，社会主义制度的实践探索植根于不同的文化历史土壤，必然会带着鲜明的民族印记。中国特色社会主义制度基于时代条件和具体国情呈现出鲜明的中国特色，但是“老祖宗不能丢，丢了就丧失根本”，这个老祖宗，就是马克思主义基本原理。坚持科学社会主义基本原则的社会主义制度，必然以共产主义的价值为目标：实现人类解放，建立“自由人联合体”，“在那里，每个人的自由发展是一切人的自由发展的条件”，“人终于成为自己的社会结合的主人，从而也就成为自然界的主人，成为自身的主人——自由的人”。

人类解放是社会主义制度的价值目标。科学社会主义制度以“现实的个人”为逻辑起点，人类解放是贯穿于马克思主义制度理论的价值核心。社会主义共和国不同于以往的共和国，无产阶级政权打碎旧的国家机器建立工人阶级政府，以实现人的社会解放为目标，超越了国家政权本身。社会主义革命的对象不仅是资本的垄断剥削，资产阶级的虚伪民主更是“国家本身这个社会的超自然怪胎”。人类要获得解放就是要从国家这个外物中解放出来。对于社会主义国家而言，无产阶级掌握政权具有双重的历史使命：一要积极发展生产力，为人的解放创造物质条件；二要积极进行社会建设，改造人本身，实现人本身的解放。“必须经过一系列将把环境和人都加以改造的历史过程。工人阶级不是要实现什么理想，而只是要解放那些由旧的正在崩溃的资产阶级社会本身孕育着的新社会因素。”

实现人类解放，就是要实现“每个人自由而全面的发展”。其一，人的自由发展。人的发展在本质上是社会关系的发展，在人与自然、人与人这两方面的关系体系中，最为本质的是人与人的关系，也就是制度关系。“人的本质不是单个人所固有的抽象物，在其现实性上，它是一切社会关系的总和。”马克思曾将人的自由分为三个历史阶段：一是“人的依赖关系”，也就是人的发展离不开特定的共同体，人身依附是根本特征。二是“以物的依赖性为基础的人的独立性”，资本的产生，商品的流动，交往空间的拓展，人脱离了人身依附状态，获得相对解放的同时陷入资本和物质的掌控之中。三是人的自由个性得以彰显，要在共产主义制度中，“在真正的共同体的条件下，各个人在自己的联合中并通过这种联合获得自己的自由”。其二，人的全面发展。现实的劳动实践对人的能力具有塑造和发展功能，而分工是导致人的片面发展的直接原因。在人类历史发展进程中，附着在文化深层，融化在人的肉体和精神之中，反映在个人身体素质上的潜能，也需要通过全面的发展将其上升成为个人的现实能力。共产主义消灭分工的制度设计才可以真正使人的发展脱离片面的困境。通过消除旧的分工，通过产业教育、变换工种、所有人共同享受大家创造出来的福利，通过城乡融合，使社会成员的才能得到全面发展。其三，每个人的发展。资本主义制度的欺骗性在于以政治领域中抽象的人的平等掩盖了经济制度前提的不平等，以普选、公民参与、法治等形式掩盖了人与人之间不平等的事实。

社会主义制度的价值原则就是“人类解放”这一价值目标的实践原则，具体表现在：

真正的民主原则。在绝大多数空想社会主义思想家构想的政治制度中，人民享有至高无上的权力。这种权力以生产资料的公共占有和财产公有为基础，通过法律的形式固定下来，并得到一系列选举、监督等民主制度的保障。人民主权是社会主义制度的根本价值原则之一。真正的民主实质在于无产阶级掌握政权，他们有意识地、清楚地知道自己的目标是解放劳动和改造社会。社会主义制度具有真正的“社会”性质，真正民主原则体现在：首先，社会主义国家机构的产生程序民主，人民代表是经选举而产生的，是真正民意的代表。其次，社会主义国家的制度运行过程民主，国家、社会治理的所有决策和程序，通过有效的手段和方式最大限度地向人民公开，接受人民监督。再次，社会主义国家制度的控制过程民主，国家机构的工作人员彻底成为人民公仆，没有任何特权，也不存在身份差别。“以真正的责任制来代替虚伪的责任制。因为这些勤务员总是在公众监督之下进行工作的。”最后，社会主义国家的制度效能具有民主保障。反对官僚主义是社会主义制度建设的长期政治任务。对社会主义制度建设而言，官僚主义问题如影随形，具有极强的社会破坏力和发展惰性。对此，苏维埃在全世界做出了最高民主的示范。在社会主义制度实践中，普选、监督、反对官僚主义，也许会受到现实条件、文化历史因素的影响和限制，在保障人民民主权利的实现上还需要探索更加适合的形式。但是，就人类社会的发展历史来看，只有无产阶级的政治统治、社会主义制度，才能真正恢复国家权力的普遍性质。取消了各种利益关系对立的无产阶级国家，才能建立基于共同利益的社会整体，使得国家权力回归其普遍的本质。

真实的平等原则。“消灭一切阶级差别”，平等是民主的前提和保障。要特别指出的是，马克思、恩格斯一直致力于揭露“平等”作为政治口号的虚伪性，自由、平等、博爱这些旧口号作为法国当时当地一定的发展阶段的东西曾经是正确的，但是，“像以前的各个社会主义学派的一切片面性一样，它现在也应当被克服，因为它只能引起思想混乱”。平等应当不仅仅是表面的，不仅仅在国家的领域中实行，它还应当是实际的，还应当在社会的、经济的领域中实行。社会主义制度中的平等应该首先从取消阶级差别开始，是具有实质意义的平等制度。“工人阶级的解放斗争不是要争取阶级特权和垄断权，而是要争取平等的权利和义务，并消灭任何阶级统治。”社会主义制度的平等原则体现在：首先，社会主义国家的每个成员都有平等的选举权和被选举权。普选本身以平等为前提，它赋予每个人平等的身份，这种身份不取决于人类有史以来的所有的外在条件，出身、经济水平、性别、肤色、种族等，仅仅取决于人本身。其次，社会主义的管理制度体现着平等。在社会主义国家人人平等，只有职业不同，没有高低贵贱之分。最后，社会主义国家从根本上反对各种形式的特权。在马克思看来，特权是由于经济关系不平等而导致的人身不平等，是对公平的最大破坏。社会主义制度一贯倡导廉洁自律、朴实无华，反对奢侈浪费、官场习气。

实质的正义原则。同反对普遍意义的平等概念一样，马克思、恩格斯反对以资产阶级抽象正义概念讨论社会主义制度的正义原则。马克思主义制度理论将正义作为原则嵌入制度之中才使之具有现实意义。正义是制度的建构原则而不仅仅是制度本身的目的，没有价值约束的程序和形式不会带来真正的、符合人性的正义结果。马克思认为，消除非正义的社会前提，构建社会主义制度才是正义的。这就好比是在沙滩上不可能盖起大楼，基于私有制前提的资本主义制度，无论具有怎样的正义形式，结果都是非正义的。社会主义制度的正义原则表现在：首先，社会主义制度坚持政治正义。马克思肯定工人阶级掌握政权本身的意义，即通过否定国家来否定资本主义法权。其次，社会主义制度坚持劳动正义。工人阶级获得社会解放首先要实现劳动解放。劳动一解放，每个人都变成工人，于是生产劳动就不再是一种阶级属性了。最后，社会主义制度坚持分配正义。取消各种特权，反对官僚主义，既是工人阶级的独创，也是具有现实意义的正义实践。

政治统一原则。对于社会主义国家而言，特别是有着广阔疆域的民族国家而言，掌握政权是国家制度建设的第一步，巩固政权则是接踵而至的命题。对于负有双重历史使命的无产阶级来说，实施专政是为了最终彻底将国家权力还给社会，这注定是一个漫长的历史过程。从权力本身来看，马克思反对资产阶级分权制衡原则，代表着社会整体利益的无产阶级应掌握国家权力，反映社会普遍意志的国家权力在整个国家权力机构中应处于至高无上的地位，也是不可分割的整体。社会主义国家是人民当家作主的工具，而不是议会式的机构，它既行使行政权，又拥有立法权。恩格斯曾批判过把分权看得过于神圣的观点：“事实上这种分权只不过是为了简化和监督国家机构而实行的日常事务上的分工罢了。也像其他一切永久性的、神圣不可侵犯的原则一样，这个原则只是在它符合于现存的种种关系的时候才被采用。”以分权制衡为原则的国家制度，总是因为分权机关为了追求自己的特殊利益，从名义上的社会公仆变成社会的主人。事实上，导致腐败的不是权力，而是权力的不当使用。政治统一和高效执行是社会主义制度效能的集中体现。无产阶级要摆脱资产阶级政治模式，不在于废除代议机构和选举制等民主的基本形式，而在于改变代议机构的性质，使之成为工作机构而不再是“清谈馆”。

归根结底，社会主义制度运行体现了历史唯物主义的方法论原则。掌握武装力量是保证胜利的首要条件，这是工人阶级在多次革命之后的经验总结。掌握经济主动权，发展生产力，为实现社会解放准备物质条件。从实践来看，经济上的不平等是无产阶级受奴役的根源，经济解放是伟大的目标，一切政治运动都应该作为手段服从于这一目标。遵循人民创造历史的思想，广泛开展民主参与，实施公民教育，为社会解放准备人的条件。

02

第二章 “物之不齐，物之情也”

——如何理解中国特色社会主义制度形成和发展的历史进程

一个国家选择什么样的国家制度和国家治理体系，是由这个国家的历史文化、社会性质、经济发展水平决定的。新中国成立 70 多年来，我们党团结带领人民，在社会主义革命、建设和改革的伟大实践中，确立了社会主义基本制度，为当代中国一切发展进步奠定了根本政治前提和制度基础；建立和完善中国特色社会主义制度体系，形成和发展了党的领导和政治、经济、文化、社会、生态文明等各方面制度，不断加强和完善国家治理，为中华民族从站起来、富起来到强起来的伟大飞跃提供了制度保障。

一、中国制度植根于中国社会土壤

“凡将立国，制度不可不察也”。国家制度的确立和发展，必须注重历史和现实、理论和实践、形式和内容的有机统一。要坚持从国情出发、从实际出发，既要把握长期形成的历史传承，又要把握走过的发展道路、积累的政治经验、形成的政治原则，还要把握现实要求，着眼解决现实问题，不能割断历史，不能突然就搬来一座制度上的“飞来峰”。中国特色社会主义制度是马克思主义基本原理同中国具体实际相结合的产物，具有深刻的历史逻辑、理论逻辑、实践逻辑。

【历史回声】

1954 年，一届全国人大一次会议颁布了我国第一部宪法，确立了中华人民共和国的人民民主制度，“中华人民共和国是工人阶级领导的、以工农联盟为基础的人民民主国家”。

中国制度具有深厚的历史底蕴。中华文明灿烂悠久，博大精深，5 000多年连绵不绝，传承发展，为中华民族生生不息、发展壮大提供了丰厚滋养，对于中国特色社会主义制度的建设和发展发挥着历史经验的韧性支撑作用。在维护大一统的国家制度上，天下为公、大同思想、天下归心等国家统一思想影响深远；在维护团结统一稳定的政治局面上，求同存异、民族团结的智慧传承久远；在国家发展的制度变迁因素上，“周虽旧邦，其命维新”集中体现着我国文化中的革新动力；在推动社会发展进步、促进国家整体利益与公民个人利益的平衡等方面，“仁、义、礼、智、信”的社会规范长期发挥着制度性的教化作用。曾经长期处于领先地位的中国，自古以来就形成了一整套适应中华文化的制度体系。例如，郡县制形成了我国历史上最为稳定的基层网络，科举制度是程序规范的人才选拔方式，监察制度对于完善权力监督、提高效能都具有历史参考意义。诸如此类富有中华文化特色的国家制度形式，一直是周边国家和民族学习模仿的对象。

近代以来，统治中国几千年的专制主义制度陷入全面危机。封建统治腐败无能，帝国主义列强入侵，导致中国逐步成为半殖民地半封建社会。面对深重的民族危机和灾难，无数仁人志士前仆后继，艰苦探索，中国成了各种制度的试验场，但都以失败告终。但是，无论曾经辉煌还是历经坎坷，深厚的历史底蕴都会成为中国特色社会主义制度的宝贵历史资源。

> **名言金句**
>
> 人民是否享有民主权利，要看人民是否在选举时有投票的权利，也要看人民在日常政治生活中是否有持续参与的权利；要看人民有没有进行民主选举的权利，也要看人民有没有进行民主决策、民主管理、民主监督的权利。
>
> ——习近平

中国制度是科学社会主义理论中国化的伟大创造。十月革命一声炮响，马克思主义、社会主义在中国广泛传播开来，苦苦寻求救国方略的中国先进分子看到了一条崭新的道路，中国人民历史性地选择了马克思主义、社会主义。马克思主义传入中国，科学社会主义的主张受到中国人民的热烈欢迎，并最终扎根中国社会土壤，开花结果。从思想渊源上看，科学社会主义关于制度的主张与我国主流的“家国观”是相通的。无产阶级通过革命斗争建立人民政权，改造旧社会，组织以满足全体人民需要为目的的社会生产，合乎自然规律的发展，有计划、按比例的生产管理，科学社会主义的主张与中国传统治国理念不谋而合。从价值观上看，科学社会主义同我国传承了几千年的优秀历史文化和广大人民的价值观念相融通。无论是人类解放的价值目标，还是真正的民主、真实的平等、实质的正义等，都是内在于中华传统文化的价值原则。从理论体系上看，马克思主义、科学社会主义的中国化进程，绝非轻松、任意为之，而是经过了深思熟虑、反复比较，甚至痛苦求索的过程。以毛泽东同志为主要代表的中国共产党人，把马克思主义基本原理与中国实际相结合，创立了毛泽东思想，实现了马克思主义中国化的第一次历史性飞跃，领导中国人民取得了新民主主义革命的伟大胜利，建立了新中国，确立了社会主义制度，对社会主义建设进行了初步探索。科学社会主义在中国的实践，彻底改变了中国人民的命运和中国的面貌。以邓小平同志为主要代表的中国共产党人深刻总结历史经验教训，坚持解放思想、实事求是，开辟中国特色社会主义道路，创立中国特色社会主义理论体系，建构了中国特色社会主义制度，科学社会主义焕发出前所未有的生机活力。以江泽民同志为主要代表的中国共产党人发展了社会主义市场经济理论、社会主义民主政治理论和社会主义文化建设理论，推进中国特色社会主义制度创新。以胡锦涛同志为主要代表的中国共产党人提出中国特色社会主义制度的概念，阐释了中国特色社会主义制度的内涵、特点和优势，推进中国特色社会主义制度实践，确立了中国特色社会主义制度。科学社会主义理论在中国制度实践中焕发出蓬勃的生机活力。

伟大时代孕育伟大理论。习近平新时代中国特色社会主义思想，是在中国特色社会主义进入新时代、科学社会主义迈向新阶段的条件下形成和发展起来的，是马克思主义中国化的最新成果。习近平总书记强调，坚持和发展中国特色社会主义是一篇大文章，“现在，我们这一代共产党人的任务，就是继续把这篇大文章写下去”。坚持和完善中国特色社会主义制度、推进国家治理体系和治理能力现代化，是关系党和国家事业兴旺发达、国家长治久安、人民幸福安康的重大问题。党的十九届四中全会通过的《中共中央关于坚持和完善中国特色社会主义制度　推进国家治理体系和治理能力现代化若干重大问题的决定》，全面回答了在我国国家制度和国家治理体系上，应该坚持和巩固什么、完善和发展什么的重大问题。

中国制度形成于中国社会主义的伟大实践。中国特色社会主义制度之所以行得通，有生命力、有效率，就是因为它是从中国的社会土壤中生长出来的。“历史的运动创造了社会关系”。1954 年宪法，确定了国体、政体、国家结构形式，建立了国家政权组织体系。新中国成立之初的社会主义制度探索，确定了中国特色社会主义制度的根本原则和基本框架。

政治上，人民民主专政是立足中国实际的无产阶级专政形式。独创性的人民民主专政，既是无产阶级专政，又是结合我国国情的具体实现形式。中国特色社会主义坚持以工人阶级为领导，又尊重脱胎于农业大国的现实，同农民建立联盟。“我们是人民民主专政，各级政府都要加上‘人民’二字，各种政权机关都要加上‘人民’二字”。人民真正成为国家的主人，人民才有可能改造自己、发展自己，向着社会主义前进。对此，毛泽东指出，中国民主革命的主要力量是农民。忘记了农民，就没有中国的民主革命；没有中国的民主革命，也就没有中国的社会主义革命，也就没有一切革命。

人民代表大会制度是符合国情的人民民主形式。1954 年，新中国第一部宪法明确阐释了我国政体：“中华人民共和国的一切权力属于人民，人民行使权力的机关是全国人民代表大会和地方各级人民代表大会。全国人民代表大会、地方各级人民代表大会和其他国家机关，一律实行民主集中制。”我国社会主义制度充分体现我国国情和历史阶段的特征，注重的是工人阶级的领导权和人民民主的实质。实现民主的形式是丰富多样的，不能拘泥于刻板的模式，更不能说只有一种放之四海而皆准的评判标准。在中国社会主义制度下，有事好商量，众人的事情由众人商量，找到全社会意义和要求的最大公约数，是人民民主的真谛。

中国共产党领导的多党合作和政治协商制度是具有独特优势的中国民主。1949 年 9 月，第一届全国政治协商会议在北京召开，代行全国人民代表大会的职权，选举了由中国共产党和各民主党派参加的中央人民政府，中国共产党为执政党，各民主党派为参政党。全国人民代表大会召开后，全国政治协商会议“得就有关国家建设事业的根本大计及其他重要措施，向全国人民代表大会或中央人民政府提出建议案”。政协是“全国各民族、各民主阶级、各民主党派、各人民团体、国外华侨和其他爱国民主人士的统一战线组织，是党派性的”。协商民主是中国特色社会主义民主政治的独特的、独有的、独到的民主形式，是中国共产党的群众路线在政治领域的重要体现。

> **名言金句**
>
> 它（协商民主）源自中华民族长期形成的天下为公、兼容并蓄、求同存异等优秀政治文化，源自近代以后中国政治发展的现实进程，源自中国共产党领导人民进行革命、建设、改革的长期实践，源自新中国成立后各党派、各团体、各民族、各阶层、各界人士在政治制度上共同实现的伟大创造，源自改革开放以来中国在政治体制上的不断创新，具有深厚的文化基础、理论基础、实践基础、制度基础。
>
> ——习近平

民族区域自治制度是最具中国特色的多民族相处之道。在历史演进中，我国各民族在分布上交错杂居，在文化上兼收并蓄，在经济上相互依存，在情感上相互亲近，形成了你中有我、我中有你、谁也离不开谁的多元一体格局。在几千年的密切交往中，各族人民共同开拓了祖国辽阔的疆域，共同创造了灿烂的中华文化，共同推动了社会的发展和历史的进步。特别是近代以来，各族人民在共同抵抗西方列强侵略的斗争中、在救亡图存的奋斗中，形成了休戚与共的民族共同体，促进了中华民族的觉醒和各民族的团结。新中国成立后，民族区域自治制度开创了中国特色的解决民族问题的正确道路，促进了各民族人民和睦相处、和衷共济。民族区域自治的制度探索始于1945年筹组内蒙古自治政府的实践。我国国情不同于苏联，少数民族大杂居、小聚居，不宜实行联邦制。民族区域自治制度作为单一制国家结构的补充成为我国政治制度的重要组成部分。“中华人民共和国是统一的多民族的国家。各民族一律平等。……各少数民族聚居的地方实行区域自治。各民族自治地方都是中华人民共和国不可分离的部分。”

> **名言金句**
>
> 坚持和完善民族区域自治制度，要做到“两个结合”。一是坚持统一和自治相结合。团结统一是国家最高利益，是各族人民共同利益，是实行民族区域自治的前提和基础。没有国家团结统一，就谈不上民族区域自治。
>
> ——习近平

经济上，中国共产党强调尊重我国国情和现实条件，建立新中国的经济制度。毛泽东指出：“一个中国的马克思主义者，如果不懂得从改造中国中去认识中国，又从认识中国中去改造中国，就不是一个好的中国的马克思主义者。”新中国成立之初，我国的社会经济形态存在着新旧共存的情形，我们的任务就是改变旧的经济形态、旧的生产关系以及社会的、政治的、精神的旧的上层建筑，建立新的经济形态、新的生产关系以及社会的、政治的、精神的新的上层建筑。改革开放以来，基本经济制度的创新发展解放了思想，释放了生产力活力，为经济社会发展提供了不竭的动力。其中最重要的一条就是，立足国情，实事求是。

文化上，一定的文化是一个社会的政治和经济在观念形态上的反映。“以社会主义为内容的国民文化必须是反映社会主义的政治和经济的。”中国的文化应有自己的形式，就是民族形式。学习借鉴别国的文化不能全盘接受，马克思主义在我国的运用也是如此，“决不能主观地公式地应用它。公式的马克思主义者，只是对于马克思主义和中国革命开玩笑”。在实践中逐渐成为我国社会主义文化建设坚持马克思主义为指导，坚持“为人民服务，为社会主义服务”方向，“百花齐放、百家争鸣”方针的思想源头，为文化管理体制确定了基本原则、立场和方法。

二、社会主义基本制度的确立

社会主义基本制度作为一种国家制度，是国体和政体的统一。1956年，“我们党紧紧依靠人民完成了社会主义革命，确立了社会主义基本制度。我们创造性地实现由新民主主义到社会主义的转变，使占世界人口四分之一的东方大国进入社会主义社会，实现了中国历史上最广泛最深刻的社会变革”。毛泽东不仅是新中国的伟大缔造者，也是这场深刻社会变革胜利的领导者，是中国社会主义基本制度的主要奠基人。

国民经济的快速恢复和发展奠定了社会主义基本制度的物

【历史回声】

第一个五年计划的制定与实施标志着系统建设社会主义的开始。五年计划，是中国国民经济计划的重要部分，属长期计划，主要是对国家重大建设项目、生产力分布和国民经济重要比例关系等做出规划，为国民经济发展远景规定目标和方向。

质基础。中华人民共和国成立初期，共产党人曾主张经过一段较长时间的建设发展、取得明显成绩、得到人民的认可之后再实施社会主义改造，但是形势的发展出人意料。新中国万象更新，充满生机和活力，人民群众热情高昂，仅仅三年就基本修复了持久战争的创伤，重建国民经济的任务提前完成。特别重要的是，从新民主主义到社会主义性质的经济发展，我国公私比例有了根本的变化，社会主义性质的国营经济在国民经济中已经处于明显的领导地位，具有了强大的控制力。新民主主义制度为我国向社会主义转变提供了根本保障，也给社会主义基本制度印上了鲜明的中国烙印和时代特征。

过渡时期总路线的酝酿和深入宣传为社会主义基本制度凝聚了社会共识。过渡时期总路线从党内的思想成为载于正式文件的规范施政纲领，经历了一年多的党内酝酿和论证，在实施之前进行了全面有效的学习宣传，最大限度地获得了社会的认同。周恩来对总路线做了全面的解读，中共中央宣传部专门对总路线的学习宣传做出部署，印发宣传提纲和学习资料。宣传和学习过渡时期总路线是新中国成立后在全党、全社会普及社会主义观念的一次规模空前的学习活动。针对当时对社会主义道路的困惑和对苏联模式的迷信，学习活动解决了从新民主主义向社会主义过渡的认识问题，坚定了走自己的路、走中国的社会主义之路的信心。这样的学习动员是我国制度发展实践中值得重视的有效方法，是凝聚社会共识的可贵经验。

1956 年，社会主义改造基本完成，社会主义基本制度在我国全面确立。

经济领域。在不断矫正急躁冒进的过程中，我国创造性地摸索出了适合中国国情的社会主义改造道路。制度上采取灵活的约束，在较短时间内实现了生产资料所有制的深刻变革。到 1956 年，各种经济成分占国民经济的比重分别是：国营经济 32.2%，合作经济 53.4%，公私合营经济

7.3%，个体经济 7.1%，社会主义公有制成为我国经济制度的基础。

政治领域。以经济基础为支撑的人民民主专政的国家机器更加强大，人民代表大会制度在我国人民政治生活中变为事实，成为我国的社会主义根本政治制度。1954 年 9 月，第一届全国人民代表大会在京召开，成为我国最具广泛性的第一次民主实践。中国共产党领导的多党合作和政治协商制度继续健全，民族区域自治制度全面运行，我国的基本政治制度格局基本确立。

文化领域。消灭一切形式的剥削要想获得成功，人民群众在思想上对社会主义制度的理解和认同至关重要。这个历史任务比民主革命的影响还要深刻和艰巨，需要做长期的努力。毛泽东指出：“一个崭新的社会制度要从旧制度的基地上建立起来，它就必须清除这个基地。反映旧制度的旧思想的残余，总是长期地留在人民的头脑里，不愿意轻易地退走的。”面对这样的历史任务，我国文化领域坚持党的领导，坚持马克思列宁主义、毛泽东思想，发生了革命性变化，新型社会关系和积极向上的社会风气逐渐形成，成为社会主义制度的文化基础和共识基础，“为人民服务，为社会主义服务”方向、“百花齐放、百家争鸣”方针成为我国文化发展的指导原则。

1956 年在党的第八次全国代表大会上，毛泽东宣布：“社会主义的社会制度在我国已经基本上建立起来了。”习近平总书记指出，我们党团结带领各族人民，经过长期浴血奋斗，完成了新民主主义革命，建立了中华人民共和国，“确立了社会主义基本制度，成功实现了中国历史上最深刻最伟大的社会变革，为当代中国一切

【历史回声】

1950 年 5 月 1 日公布施行的《中华人民共和国婚姻法》是新中国颁布的第一部法律。通过调整婚姻家庭关系，以国家权力的方式保障“男女平等”，极大促进了我国社会的进步。

发展进步奠定了根本政治前提和制度基础”。

社会主义基本制度的确立具有重要历史意义。

确立了我国制度体系中共产党的领导核心地位，也确立了中国制度的政治前提，从制度上保证了中国共产党成为人民的主心骨和领路人。中国共产党的组织特色决定了中国特色社会主义制度的底色。

确立了党领导下的人民解放军在国家制度体系中的柱石地位，也就确立了中国制度最坚强的安全保障。中国人民解放军是我国人民民主专政的柱石，是社会主义国家机器的核心构成，也是我国社会主义事业的坚强后盾。党对军队的绝对领导既是我国政治制度的突出特点，也是我国军事制度的基本原则。

确立了中国特色社会主义制度的核心价值和基本原则。实现共产主义是马克思主义制度理论的逻辑结论，也是我国社会主义制度的价值旨归。以共产主义为目标，就是以实现“每个人自由而全面的发展”为目标。民主集中制是社会主义民主原则的核心内容。当我国还处于较低发展水平的时候，人民民主的实现形式还需要通过人民意志和力量的集中来表达，国家机器的强大才能真正保障人民民主权利，这是尊重现实的辩证法。新中国破除了一切导致人民不平等的因素，实现了真正意义上的平等，这一原则渗透于我国所有的法律文本和规章制度之中。

确立了中国特色社会主义制度的根本框架和主要内容。1954 年的《中华人民共和国宪法》确立了以宪法为核心的中国特色社会主义制度的法律框架，也就是中国特色社会主义制度体系的文本形式。社会主义基本制度的经济、政治、文化“三位一体”格局构成了中国特色社会主义制度的“五位一体”格局的核心。经济上，确立了社会主义生产资料公有制。政治上，确立了我国的根本政治制度——人民代表大会制，成为实现人民民主，完整体现国体性质的政治制度。中国共产党领导的多党合作和政治协商制度、民族区域自治制度是我国不可替代的基本政治制度。文化上，坚持以马克思主义为指导，坚持“为人民服务，为社会主义服务”方向和“百花齐放、百家争鸣”方针，为繁荣发展中国特色社会主义先进文化制度奠定了基础。

三、中国特色社会主义制度的确立和发展

> **【历史回声】**
>
> 1980年8月21日，邓小平在人民大会堂118厅会见意大利记者奥琳埃娜·法拉奇，谈到“文化大革命”错误，他说：“这要从制度方面解决问题。……我们现在正在研究避免重复这种现象，准备从改革制度着手。”

党的十一届三中全会是划时代的，开启了改革开放和社会主义现代化建设历史新时期。随着改革开放逐步深化，我们党对制度建设的认识越来越深入。1992年，邓小平在南方谈话中指出：“恐怕再有三十年的时间，我们才会在各方面形成一整套更加成熟、更加定型的制度。”党的十四大提出：“到建党一百周年的时候，我们将在各方面形成一整套更加成熟更加定型的制度。”党的十五大以来的历次全国代表大会都对制度建设提出了明确要求。

党的十八届三中全会也是划时代的，开启了全面深化改革、系统整体设计推进改革的新时代，将“完善和发展中国特色社会主义制度、推进国家治理体系和治理能力现代化”确定为全面深化改革的总目标。党的十九大对制度建设做出了具体安排，到2035年，“各方面制度更加完善，国家治理体系和治理能力现代化基本实现”。党的十九届四中全会，对坚持和完善中国特色社会主义制度、推进国家治理体系和治理能力现代化做出了全面部署，成为中国特色社会主义制度建设的里程碑。

中国特色社会主义制度的确立。从党的十一届三中全会到党的十四

大，党在总结建国以来的历史经验，尤其是反思“文化大革命”历史教训的基础上，着力推进制度改革。“为了保障人民民主，必须加强法制，必须使民主制度化、法律化，使这种制度和法律不因领导人的改变而改变，不因领导人的看法和注意力的改变而改变。”从推进党和国家领导制度改革开始，在社会主义民主与法制，社会主义与非公有制经济的关系、社会主义与市场经济的关系等重大理论与现实问题上形成实现了理论突破和制度创新。

经济领域，改革和完善我国社会主义基本经济制度及其体制。重新认识社会主义与非公有制经济、市场经济的关系，逐步解决生产关系与生产力不相适应的问题。调整过分追求单一公有制的思路，逐步允许非公有制经济的存在和发展，逐步改变高度集中的计划经济体制。“社会主义生产关系的发展并不存在一套固定的模式，我们的任务是要根据我国生产力发展的要求，在每一个阶段上创造出与之相适应和便于继续前进的生产关系的具体形式。”党的十二大对经济制度的认识取得了两个突破：一是调整所有制结构，赋予个体经济合法地位；二是否定了单一的计划经济观念，允许计划经济之外的商品因素存在。党的十三大提出加快和深化经济体制改革的任务，并对改革的原则和模式做了新的概括，把私营经济、中外合资经济、合作经营经济、外商独资经济同个体经济一起作为公有制经济必要的和有益的补充，使社会主义经济的实现方式在内涵

解放思想，实事求是，团结一致向前看*

（一九七八年十二月十三日）

邓小平

一、解放思想是当前的一个重大政治问题

二、民主是解放思想的重要条件

（下转第二版）

* 这是邓小平同志在中央工作会议闭幕会上的讲话。这次中央工作会议为随即召开的党的十一届三中全会作了充分准备。邓小平同志的这个讲话实际上是三中全会的主题报告。

《解放思想，实事求是，团结一致向前看》一文为党的十一届三中全会做了思想准备

上更加丰富。1992 年邓小平南方谈话指出，“计划多一点还是市场多一点，不是社会主义与资本主义的本质区别”，“计划和市场都是经济手段”。这为中国特色社会主义经济制度奠定了理论基础。

【历史回声】

1978 年冬的一个夜晚，凤阳县小岗村 18 家农户秘密聚会，立下生死状，一致同意把土地包产到户，由此揭开了中国农村改革的序幕。

政治领域，改革与完善我国人民代表大会制度、中国共产党领导的多党合作和政治协商制度、民族区域自治制度等各项政治制度。以 1978 年五届全国人大一次会议召开为起点，人民代表大会制度开始全面恢复并不断健全。1982 年宪法规定：人民代表大会是国家权力机关，它由民主选举产生，对人民负责，受人民监督；全国人民代表大会是最高国家权力机关，有监督宪法和法律实施、选举国家领导人、审查和批准国民经济和社会发展计划与计划执行情况的报告等职权。设立法律委员会、财经委员会等专门机构，增加全国人大常委会“制定和修改应当由全国人民代表大会制定的法律以外的其他法律”的职权。

党的十二大，根据邓小平建议，在“长期共存、互相监督”的方针后，又加上“肝胆相照、荣辱与共”，形成了处理中国共产党和各民主党派关系的十六字方针。1987 年，“共产党领导下的多党合作和政治协商制度”作为我国一项基本政治制度的重要内容写进了党的十三大报告。1989 年底，制定了《关于坚持和完善中国共产党领导的多党合作和政治协商制度的意见》，各民主党派以“参政党”的身份参政议政，积极为党和政府建言献策，形成了一年一度的“两会”制度。

党的十一届三中全会以后，党中央注重改善和发展社会主义的民族关系，大力选拔任用少数民族干部。1982 年宪法恢复了 1954 年宪法对民族区域自治制度的相关规定和主要原则。1984 年 5 月，六届全国人大二次会议通过了《中华人民共和国民族区域自治法》，民族区域自治制度不断完善。

我国积极开展基层群众自治的探索。1982 年宪法明确设立居民委员会和村民委员会基层群众性自治组织，取消了人民公社体制。1983 年，中央下发了《关于实行政社分开建立乡政府的通知》，建立乡（镇）政府作为基层政权，成立村民委员会作为群众性自治组织。1987 年和 1989 年，人大常委会先后通过《中华人民共和国村民委员会组织法（试行）》和《中华人民共和国城市居民委员会组织法》。这些探索为基层群众自治制度的形成奠定了重要基础。

党和国家领导制度是这一阶段政治体制改革的中心工作。1980 年，在《党和国家领导制度的改革》一文中，邓小平指出："我们过去发生的各种错误，固然与某些领导人的思想、作风有关，但是组织制度、工作制度方面的问题更重要。这些方面的制度好可以使坏人无法任意横行，制度不好可以使好人无法充分做好事，甚至会走向反面。"这期间，恢复了中央纪律检查委员会和中央书记处，健全了中共中央职能部门，形成了中央书记处、中央政治局和中央政治局常委会三个层次的领导体制；恢复了全国人民代表大会和国家主席、人民检察院、人民法院等国家机构，确立了全国人民代表大会为最高权力机关的国家机构系统。同时，党在国家机构、事业单位和国有企业设党组、党委，形成了国家机构系统在党的领导下开展工作的基本格局。

加强社会主义法制建设，为中国特色社会主义法律体系奠定基础。党的十一届三中全会后，全国人大及其常委会坚持"有法可依，有法必依，执法必严，违法必究"的方针，不断加强立法。1979 年，五届全国人大二次会议通过《全国人民代表大会和地方各级人民代表大会选举法》《地方各级人民代表大会和地方各级人民政府组织法》《人民法院组织法》《人民检察院组织法》《刑法》《刑事诉讼法》《中外合资经营企业法》等七部重要法律。1982 年，五届全国人大五次会议通过了现行宪法。法律是制度的文本解读，而宪法是制度的最高诠释，新宪法的通过标志着我国制度建设取得了重要成果。

在中国特色社会主义制度的确立过程中，邓小平发挥了极为重要的作用，他和毛泽东一样，是中国特色社会主义制度的重要设计者、奠基者和改革实践者。

中国特色社会主义制度的发展。从党的十四大到党的十八大，中国特色社会主义制度在经济体制、政治体制、文化体制、社会体制和法律体系建设方面取得显著成就，中国特色社会主义制度体系全面确立。

社会主义基本经济制度与社会主义市场经济体制的发展和完善。党的十四大确立了社会主义市场经济体制的改革目标，并做出了系统的制度安排。党的十四届三中全会从社会主义市场经济的宏观管理到微观基础，从城市到农村，从经济手段、法律手段到必要的行政手段的制度化设计，构筑了社会主义市场经济体制的基本框架。党的十五大明确提出：“公有制为主体，多种所有制经济共同发展，是我国社会主义初级阶段的一项基本经济制度。”公有制是我国社会主义经济制度的基础；社会主义初级阶段的国情，需要在公有制为主体的条件下发展多种所有制经济；一切符合“三个有利于”标准的所有制形式都可以而且应该服务于社会主义。“公有制的主体地位主要体现在：公有资产在社会总资产中占优势；国有

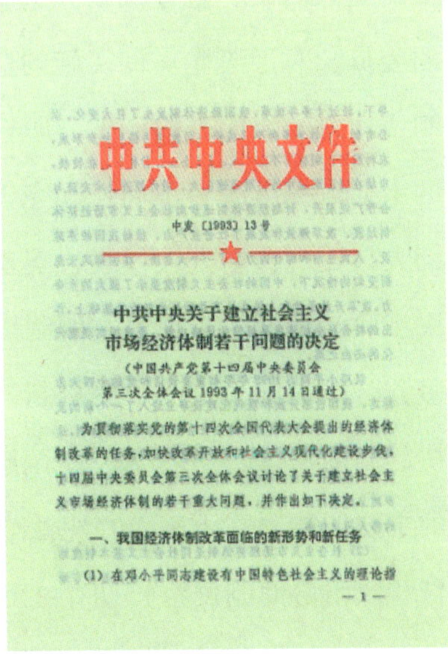

中共中央文件

中发〔1993〕13号

中共中央关于建立社会主义市场经济体制若干问题的决定

（中国共产党第十四届中央委员会第三次全体会议1993年11月14日通过）

为贯彻落实党的第十四次全国代表大会提出的经济体制改革的任务，加快改革开放和社会主义现代化建设步伐，十四届中央委员会第三次全体会议讨论了关于建立社会主义市场经济体制的若干重大问题，并作出如下决定。

一、我国经济体制改革面临的新形势和新任务

（1）在邓小平同志建设有中国特色社会主义的理论指

— 1 —

《中共中央关于建立社会主义市场经济体制若干问题的决定》

经济控制国民经济命脉，对经济发展起主导作用。”党的十六大提出坚持和完善中国特色社会主义基本经济制度，必须毫不动摇地巩固和发展公有制经济，必须毫不动摇地鼓励、支持和引导非公有制经济发展。把坚持公有制为主体，促进非公有制经济发展，统一于社会主义现代化建设的进程中，不能把这两者对立起来。党的十七大创造性地提出了“坚持平等保护物权，形成各种所有制经济平等竞争、相互促进新格局”，强调从制度上更好发挥市场在资源配置中的基础性作用，形成有利于科学发展的宏观调控体系和统一开放、竞争有序的现代市场体系。

中国特色社会主义政治制度的不断健全、完善。人民代表大会制度在中国特色社会主义政治制度体系中居于核心地位。党的十四大创造性地提出“人民民主是社会主义的本质要求和内在属性”，我国的政治体制改革目标是建设有中国特色的社会主义民主政治。一是健全人民代表大会制度的立法机制、监督机制和选举机制。明确全国人大常委会和全国人大专门委员会对于法律贯彻实施的监督、检查权力。规范人民代表大会选举机制，针对人大代表的产生、职权以及选举程序出台了相应的法律规范。党的十七大提出进一步加强和完善人民代表大会制度的主要措施，城乡按相同人口比例选举人大代表，实现了公民的选举平等。二是完善和发展各项民主政治制度，实现民主的制度化、程序化。完善中国共产党和民主党派多党合作机制、政治协商机制，以及民主党派参政议政机制，加强人民政协的制度建设。1993 年，全国政协八届一次会议将“参政议政”作为政协的主要职能确立下来。在宪法修正案中，增加“中国共产党领导的多党合作和政治协商制度将长期存在和发展”的内容，这一基本政治制度以国家根本大法的形式得以确立。党的十六大以来，通过一系列政策文件，我国政党制度和人民政协制度得以完善，党的十八大进一步提出了健全社会主义协商民主制度的要求。完善民族区域自治制度。《民族区域自治法》把民族区域自治确定为“国家的一项基本政治制度”。2005 年，《国务院实施〈中华人民共和国民族区域自治法〉若干规定》通过，进一步推动了我国民族区域自治制度建设。建立和完善基层群众自治制度。党的十七大把基层群众自治制度与人民代表大会制度、中国共产党领导的多党合作和政治协商制度、民族区域自治制度一起，纳入了中国特色社会主义政治制度范畴，强调基层民主“必须作为发展社会主义民主政治的基础性工程重点推进”。

中国特色社会主义法律体系形成。党的十五大把“依法治国”确立为党领导人民治理国家的基本方略，1999 年通过的宪法修正案以根本大法的形式把“依法治国，建设社会主义法治国家”的原则确定下来。从“法制”到“法治”，体现了党治国理政方略的重大调整，标志着民主法制建设和政治体制改革目标的重大转变。党的十七大指出：“依法治国是社会主义民主政治的基本要求。”

完备的法律体系是推进依法治国的基础和前提。为了有效应对经济社会发展过程中出现的新情况、新问题，党的十四大提出在 20 世纪末初步建立适应社会主义市场经济的法律体系。党的十五大提出到 2010 年形成有中国特色社会主义法律体系的任务。党的十六大再次强调到 2010 年形成中国特色社会主义法律体系的任务。2011 年，中国特色社会主义法律体系形成，国家经济、政治、文化、社会生活的各个方面基本实现了有法可依。

文化事业和社会管理领域的制度建设与发展。党的十四大以来，中国特色社会主义制度建设与社会主义事业总体布局相适应，文化体制改革逐步深入。党的十五届五中全会提出文化产业概念，把经济体制改革的经验应用于文化体制改革。党的十六大以来，文化体制改革在总结试点经验的基础上全面铺开，提出实现公益性文化事业和经营性文化产业协调发展，建立党委领导、政府管理、行业自律、企事业单位依法运营的文化管理体制。推进国有文化部门转企改制，确立国有文化市场主体地位的同时，建立以政府为主导、以公益性文化单位为骨干，鼓励全社会积极参与、覆盖城乡的公共文化服务体系，推进社会主义文化大发展、大繁荣。

随着改革开放的不断深入，我国社会结构深刻变动，给我国发展进步带来巨大活力的同时也必然带来各种矛盾、问题和挑战，迫切要求推进社会体制改革。党的十六大把“社会更加和谐”确立为全面建设小康社会的目标。党的十六届六中全会启动了以构建社会主义和谐社会为目标，以改善民生为重点，涉及教育、就业、分配制度、社会保障体系、医疗卫生制度、社会管理制度等方面的综合性社会体制改革。党的十七大提出推进社会体制改革，“努力使全体人民学有所教、劳有所得、病有所医、老有所养、住有所居，推动建设和谐社会”。

2011 年，在庆祝建党 90 周年之际，胡锦涛阐明了“中国特色社会主义制度”的概念，我国已经在经济、政治、文化、社会等各个领域形成一整套相互衔接、相互联系的制度体系。从横向的制度结构看，中国特色社会主义制度体系包括经济制度、政治制度、文化制度、社会制度等方面，不同领域的制度互相影响和制约；从纵向的制度脉络看，中国特色社会主义制度体系又表现为根本制度、基本制度，建立在根本制度和基本制度基础上的各领域体制安排、扎根于实践中的各项具体制度，成为中国特色社会主义事业的保障。

中国特色社会主义制度的完善。党的十八大以来，中国特色社会主义事业不断发展进步，中国特色社会主义制度发展与创新迎来了新的历史机遇。习近平总书记指出：“中国特色社会主义制度是特色鲜明、富有效率的，但还不是尽善尽美、成熟定型的。中国特色社会主义事业不断发展，中国特色社会主义制度也需要不断完善。”党的十八届三中全会把“完善和发展中国特色社会主义制度，推进国家治理体系和治理能力现代化”确定为全面深化改革的总目标。党的十八届五中全会强调，“十三五”时期要推动各方面制度更加成熟更加定型，各领域基础性制度体系基本形成。党的十九大明确提出到2035年，各方面制度更加完善。党的十九届二中、三中全会，在修改宪法、深化党和国家机构改革方面做出部署，进一步推进制度完善成熟。

党的十九届四中全会审议通过了《中共中央关于坚持和完善中国特色社会主义制度　推进国家治理体系和治理能力现代化若干重大问题的决定》(简称《决定》)，聚焦坚持和完善中国特色社会主义制度的根本制度、基本制度、重要制度，全面部署了坚持和完善中国特色社会主义制度体系、推进国家治理体系和治理能力现代化需要深化的重大体制机制改革。

坚持和完善党的领导制度体系，提高党科学执政、民主执政、依法执政水平。《决定》把坚持和完善党的领导制度放在首要位置，抓住了制度建设的关键和根本。中国共产党领导是中国特色社会主义最本质的特征，是中国特色社会主义制度的最大优势。党是最高政治领导力量，必须坚持党政军民学、东西南北中，党是领导一切的，坚决维护党中央权威，健全总揽全局、协调各方的党的领导制度体系，把党的领导落实到国家治理各领域各方面各环节。

坚持和完善人民当家作主制度体系，发展社会主义民主政治。我国是工人阶级领导的、以工农联盟为基础的人民民主专政的社会主义国家，国家的一切权力属于人民。必须坚持人民主体地位，坚定不移走中国特色社会主义政治发展道路，确保人民依法通过各种途径和形式管理国家事务，管理经济文化事业，管理社会事务。坚持和完善人民代表大会制度，健全人大对“一府一委两院”监督制度，健全人大组织制度、选举制度、议事规则。发展中国特色社会主义协商民主，丰富有事好商量、众人的事情众人商量的制度化实践。推进基层民主制度化、规范化、程序化等。

坚持和完善中国特色社会主义法治体系，提高党依法治国、依法执政能力。必须坚定不移走中国特色社会主义法治道路，全面推进依法治国，坚持依法治国、依法执政、依法行政共同推进，坚持法治国家、法治政府、法治社会一体建设。健全保证宪法全面实施的体制机制、完善立法体制机制、健全社会公平正义法治保障制度、加强对法律实施的监督。

坚持和完善社会主义基本经济制度，推动经济高质量发展。《决定》对社会主义基本经济制度做出新的概括：“公有制为主体、多种所有制经济共同发展，按劳分配为主体、多种分配方式并存，社会主义市场经济体制等社会主义基本经济制度。”社会主义基本经济制度，既体现了社会主义制度的优越性，又同我国社会主义初级阶段社会生产力发展水平相适应，是党和人民的伟大创造。

党的十九届四中全会还科学分析我国经济社会发展面临的形势，统筹经济社会协调发展、统筹文化民生建设重点、促进人与自然和谐共生、统筹国内国际两个大局，提出了一系列中国特色社会主义制度体系完善发展的重大举措：坚持和完善中国特色社会主义行政体制，构建职责明确、依法行政的政府治理体系；坚持和完善繁荣发展社会主义先进文化的制度，巩固全体人民团结奋斗的共同思想基础；坚持和完善统筹城乡的民生保障制度，满足人民日益增长的美好生活需要；坚持和完善共建共治共享的社会治理制度，保持社会稳定、维护国家安全；坚持和完善生态文明制度体系，促进人与自然和谐共生；坚持和完善党对人民军队的绝对领导制度，确保人民军队忠实履行新时代使命任务；坚持和完善“一国两制”制度体系，推进祖国和平统一；坚持和完善独立自主的和平外交政策，推动构建人类命运共同体；坚持和完善党和国家监督体系，强化对权力运行的制约和监督；等等。“随着中国特色社会主义不断发展，我们的制度必将越来越成熟，我国社会主义制度的优越性必将进一步显现，我们的道路必将越走越宽广。我们就是要有这样的道路自信、理论自信、制度自信，真正做到‘千磨万击还坚劲，任尔东西南北风’。”

03

第三章 “立治有体，施治有序”

——如何理解中国特色社会主义制度体系

制度是镶嵌在人际关系或者组织之间的行为规范，是与人类社会发展相伴而生的。与道德这种内化于人心的行为约束力不同，制度是外在于人本身的，有法律、法规这样的明文规范，也有乡规民约这样的公序良俗。当制度成为一种相对独立的国家治理力量存在的时候，则是随着现代社会的产生而形成的，现代国家正是在这一基础上得以确立和发展的。中国特色社会主义制度就是这样一种制度体系，是我国国家治理一切工作和活动的制度遵循。中国特色社会主义制度体系实现了根本制度、基本制度、重要制度的科学衔接，统筹顶层设计与分层对接，确保改革创新和保持定力的统一；中国特色社会主义制度体系系统完备、科学规范、运行有效，统筹制度改革和制度运行，将制度优势转化为国家治理效能。

> **名言金句**
>
> 今天，摆在我们面前的一项重大历史任务，就是推动中国特色社会主义制度更加成熟更加定型，为党和国家事业发展、为人民幸福安康、为社会和谐稳定、为国家长治久安提供一整套更完备、更稳定、更管用的制度体系。
>
> ——习近平

一、中国特色社会主义制度体系的“四梁八柱”

中国特色社会主义制度是一个严密完整的制度体系，起“四梁八柱”作用的是根本制度、基本制度、重要制度。在党的十九届四中全会通过的

《决定》中，安排了十三个部分，部署了党和国家各方面事业的制度安排必须坚持和巩固的根本要素，完善和发展的基本方向。那么，在中国特色社会主义制度体系中，哪些是根本制度、基本制度？哪些又是重要制度？在我们的生活实践中，“根本”“基本”“重要”等词语，往往会随着语境条件、说话者的立场和视角而调整，如果在贯彻落实党的制度建设的工作实践中，不能明确界分根本制度、基本制度、重要制度，就不能达到“科学谋划、精心组织，远近结合、整体推进”的要求，甚至会模糊根本，分不清轻重缓急，影响制度建设大局。根本制度、基本制度、重要制度的不同，并不是按照制度建设的紧迫程度和工作力度来划分的，科学界分根本制度、基本制度、重要制度，不仅是一个制度称谓问题，更是一个政治理论问题。

支撑中国特色社会主义制度体系的根本制度是指对制度体系的性质和方向具有决定性作用的制度安排。“党的领导制度体系”是党和国家的根本领导制度，在中国特色社会主义制度体系中居于统领地位。中国共产党领导是中国特色社会主义最本质的特征，是中国特色社会主义制度的最大优势，“党政军民学，东西南北中，党是领导一切的”。党是最高政治领导力量。方向决定道路、道路决定命运，坚持党的全面统一领导是决定我国社会主义国家性质的根本。邓小平曾强调：“过去行之有效的东西，我们必须坚持，特别是根本制度，社会主义制度，社会主义公有制，那是不能动摇的。”江泽民也曾深刻指出：“中国共产党的领导和社会主义制度，这是我国最根本的制度。各项方针政策、法律法规、纪律规定都应该在遵循这个根本制度的基础上发挥作用。我们的历史责任，最重要的，是要坚持和完善这个根本制度，并把它传下去，代代遵守。只要党和国家各个方面各个部门都始终自觉坚持和维护这个根本制度，就能保证全党全国上下团结一致地向前进。”社会主义制度是我国宪法确定的根本制度，坚持中国共产党的领导是坚持社会主义道路的根本保证。在我国社会主义事业的发展中，各项方针政策、法律法规、纪律规定都应该在遵循这个根本制度的基础上发挥作用。

人民代表大会制度是我国的根本政治制度。我国是工人阶级领导的、以工农联盟为基础的人民民主专政的社会主义国家，国家的一切权力属于人民。人民代表大会制度是与我国国体相适应，由我国社会主义性质决定，基于我国国情和历史文化根基的制度安排，是“一切权力属于人民”的制度实现，是保证亿万人民当家作主的新型国家制度。在中国特色社会主义制度体系建设过程中，必须坚持人民主体地位，走中国特色社会主义政治发展道路，确保人民依法通过各种途径和形式管理国家事务、管理经济文化事务、管理社会事务。

在繁荣发展社会主义先进文化的制度建设中，坚持马克思主义在意识形态领域指导地位的根本制度。意识形态建设，事关凝聚人民精神力量，事关民心向背，是国家治理体系和治理能力现代化的精神支撑。把握意识形态主导权，才能牢牢把握社会主义发展方向，“凡观物有疑，中心不定，则外物不清；吾虑不清，则未可定然否也”。举什么旗，走什么路，决定了制度的根本性质。

名言金句

历史和现实都证明，中华民族有着强大的文化创造力。每到重大历史关头，文化都能感国运之变化、立时代之潮头、发时代之先声，为亿万人民、为伟大祖国鼓与呼。中华文化既坚守本根又不断与时俱进，使中华民族保持了坚定的民族自信和强大的修复能力，培育了共同的情感和价值、共同的理想和精神。

——习近平

如果将新时代的中国比作航行在深水区的中国巨轮，根本制度就是决定巨轮命运的特质。人民代表大会制度确定的是巨轮的归属问题，中国巨轮的一切权力只能属于中国人民；党的领导制度是确保巨轮在深水区始终坚持以人民为中心，坚持社会主义方向的保证；坚持马克思主义在意识形态领域指导地位的根本制度是凝聚巨轮的系统性合力，保持中国巨轮独立性的精神支柱。中国特色社会主义是社会主义而不是其他什么主义，“中国是一个大国，决不能在根本性问题上出现颠覆性错误”。

支撑中国特色社会主义制度体系的基本制度是指在制度体系中具有基础性、全局性的顶层制度安排。党的十九届四中全会对我国基本经济制度做出了新概括，“公有制为主体、多种所有制经济共同发展，按劳分配为主体、多种分配方式并存，社会主义市场经济体制等社会主义基本经济制度”，既体现了社会主义制度的优越性，又与我国社会主义初级阶段社会生产力水平相适应，是党和人民的伟大创造。

我国的基本政治制度是指基于人民代表大会制度的中国共产党领导的多党合作和政治协商制度、民族区域自治制度和基层群众自治制度。党的十九届四中全会通过的《决定》，将根本政治制度与基本政治制度统筹于“人民当家作主制度体系”，强调发展人民民主，密切联系群众，紧紧依靠人民推动国家发展的制度优势，将“巩固和发展最广泛的爱国统一战线”作为人民当家作主制度体系的构成部分。习近平总书记指出，“统一战线是党的事业取得胜利的重要法宝，必须长期坚持”，最根本的是要坚持党的领导。

中国特色社会主义法治体系是我国制度体系中事关全局的制度安排，是支撑中国特色社会主义制度体系的基本制度之一。依法治国是党领导人民治理国家的基本方略，全面推进依法治国，是解决党和国家事业发展面临的一系列重大问题，是解放和增强社会活力、促进社会公平正义、维护社会和谐稳定、确保党和国家长治久安的根本要求。中国特色社会主义法治道路是管总的，建设社会主义法治国家是坚持和发展中国特色社会主义的内在要求。要坚持依法治国、依法执政、依法行政共同推进，坚持法治国家、法治政府、法治社会一体建设。

“大鹏之动，非一羽之轻也；骐骥之速，非一足之力也。”基本制度体系是中国巨轮生命力的保障和动力源泉。适合国情的基本经济制度能够“让一切劳动、知识、技术、管理、资本的活力竞相迸发，让一切创造社会财富的源泉充分涌流”，为中国巨轮提供不竭的生命动力。健全民主制度，丰富民主形式，拓宽民主渠道，使各方面制度和国家治理更好体现人民意志、保障人民权益、激发人民创造，人民是推动中国巨轮发展进步的真正动力。“法律是治国之重器，良法是善治之前提。”中国特色社会主义法治体系是国家治理的骨干工程，党的领导是中国法治之魂，在法治体系保障下的中国巨轮才会有持久动力，平稳远航。坚持党的领导、人民当家作主、依法治国的有机统一，中国巨轮才能充满生命活力。

支撑中国特色社会主义制度体系的重要制度是指支撑制度体系的内生性、关键性、长期性的制度安排。有随着社会主义总体布局的发展内生拓展的制度，有事关国家长治久安的关键性制度安排，有维护社会公平正义、保证人民根本利益的长期性制度。

与中国特色社会主义事业“五位一体”总体布局相吻合，基于我国根本制度和基本制度的原则和价值遵循，在政府治理、文化建设、民生保障、社会治理和生态文明建设方面都有系统完备的制度建设部署。政府治理体系“承担着按照党和国家决策部署推动经济社会发展、管理社会事务、服务人民群众的重大职责”，事关各级人民政府的制度建设，必须坚持为人民服务、对人民负责、受人民监督，创新行政管理，打造人民满意的服务型政府。社会主义先进文化的制度是巩固全体人民团结奋斗的共同思想基础。以社会主义核心价值观引领文化建设制度，以社会主义先进文化提升制度自信的精神力量。城乡民生保障制度是为满足人民日益增长

> **名言金句**
>
> 建设生态文明是关系人民福祉、关系民族未来的大计。
>
> 中国明确把生态环境保护摆在更加突出的位置。我们既要绿水青山，也要金山银山。宁要绿水青山，不要金山银山，而且绿水青山就是金山银山。
>
> 良好生态环境是最公平的公共产品，是最普惠的民生福祉。青山绿水、碧海蓝天是建设国际旅游岛的最大本钱，必须倍加珍爱、精心呵护。
>
> 生态环境保护是功在当代、利在千秋的事业。在这个问题上，我们没有别的选择。全党同志都要清醒认识保护生态环境、治理环境污染的紧迫性和艰巨性，清醒认识加强生态文明建设的重要性和必要性，真正下决心把环境污染治理好、把生态环境建设好，为人民创造良好生产生活环境。
>
> ——习近平

的美好生活需要。增进人民福祉，促进人的全面发展是中国共产党立党为公、执政为民的本质要求，中国特色社会主义民生保障制度就是要不断满足人民多层次多样性的需求，使改革成果更多更公平惠及全体人民。共建共治共享的社会治理制度是保持社会稳定、维护国家安全的重要制度安排。社会治理是国家治理的重要方面，推进社会治理创新，完善中国特色社会治理体制机制，是正确处理人民内部矛盾，防范化解社会风险的治本之道。健全完善的生态文明制度体系是促进人与自然和谐共生的制度保障。生态文明事关中华民族永续发展，要将生态文明制度的建设和完善放在突出位置，融入经济建设、政治建设、文化建设、社会建设各方面和全过程。

进入新时代，党和国家事业发生了深层次的、根本性的变革，在国家治理体系和治理能力现代化进程中，关键领域的制度完善尤为重要。党对人民军队的绝对领导制度既是党对人民军队绝对领导的根本实现形式，也是牢固确立习近平强军思想在国防和军队建设中指导地位的关键性制度安排，是永葆国家安全，永葆人民军队性质、宗旨和本色的制度建设部署。

人民军队是中国特色社会主义的坚强柱石，党对人民军队的绝对领导是人民军队的建军之本、强军之魂。“一国两制”制度是实现祖国统一大业的一项重要制度，是我国国家结构形式的伟大创举，坚持“一国”是实行“两制”的前提和基础，“两制”从属和派生于“一国”并统一于“一国”之内。“保持香港、澳门长期繁荣稳定，实现祖国完全统一，是实现中华民族伟大复兴的必然要求。”坚持和完善独立自主的和平外交政策，推动构建人类命运共同体，是维护中国特色社会主义和平国家环境和良好外部条件的制度安排。这一制度安排，要高举和平、发展、合作、共赢旗帜，坚定不移维护国家主权、安全和发展利益。维护世界和平，促进共同发展。完善党和国家监督体系，强化对权力运行的制约和监督，是党在长期执政条件下自我净化、自我完善、自我革新、自我提高的重要制度保障。

中国特色社会主义制度体系的重要制度是中国巨轮的重要构件，是保证巨轮行稳致远的关键。各领域关键性、长期性的制度安排，多是我国国家制度和国家治理体系建设的空白点和薄弱环节，具有鲜明的问题导向，或者是社会主义事业发展的新领域，或者是全面深化改革进程中的新问题，或者是全面建成小康社会的新要求，或者是关系国家安全稳定的新战略，或者是应对中国巨轮走进世界舞台中央的世情新变化。中国巨轮这项工程极为宏大，必须是全面的系统的改革和改进，是各领域改革和改进的联动，只有这样，才能在国家治理体系和治理能力现代化上形成总体效应、取得总体效果。

坚持和完善中国特色社会主义制度、推进国家治理体系和治理能力现代化，是全党的一项重大战略任务。必须在党中央统一领导下进行，坚持根本制度、基本制度、重要制度相衔接，统筹顶层设计和分层对接，统筹制度改革和制度运行，推动各方面制度更加成熟更加定型，把我国制度优势更好转化为国家治理效能。坚持和巩固根本制度，就是把稳中国巨轮之舵，坚定制度自信，在社会主义方向的大是大非问题上，旗帜鲜明、立场坚定。完善和发展基本制度，加快建设重要制度，就是为中国巨轮加满油，鼓足劲，凝聚经济社会发展的整体性合力，充满活力地迎接新征程的挑战。坚持根本制度、基本制度、重要制度相衔接，将三个方面统一于中国特色社会主义伟大实践，统一于实现中华民族伟大复兴的历史进程，“坚持方向不变、道路不偏、力度不减，推动新时代改革开放走得更稳、走得更远”。当今世界正经历百年未有之大变局，我国正处于实现中华民族伟大复兴的关键时期。不断满足人民对美好生活新期待，战胜前进道路上的各种风险挑战，必须在坚持和完善中国特色社会主义制度、推进国家治理体系和治理能力现代化上下更大功夫。

二、中国特色社会主义制度的实践层次

在实践中，中国特色社会主义制度是一个庞大的层级系统，与制度规范的现实生活和组织层级相结合，不仅表现在与中国特色社会主义事业各领域吻合的制度规定上，还表现在从顶层到基层的落实运行上。从制度实践的逻辑上，表现为宏观、中观和微观三个层面。从制度体系核心到边缘的顺序上，中国特色社会主义制度体系的系统层级还可以按照制度、体制和机制的层级来分析。宏观上，中国特色社会主义制度就是国家制度的各方面、各领域的制度安排。中观上，中国特色社会主义制度表现为建立在根本制度、基本制度基础上的经济体制、政治体制、文化体制、社会体制等各项具体制度。例如，党的领导制度运用于实践形成的“党对重大工作的领导体制机制”，与基本经济制度相适应的“社会主义市场经济体制”“更高水平开放型经济新体制”，与基本政治制度相吻合的“中国特色社会主义行政体制”，等等。微观上，中国特色社会主义制度则表现为规范社会基层组织以及个体的行为过程的治理机制。

根本制度、基本制度、重要制度是制度体系中的顶层结构，作为一个整体对于我国政治、经济、文化、社会、生态文明等各方面制度体制具有宏观决定性。在分析中国特色社会主义制度的层级结构之前，需要说明“制度”概念的复杂性。制度伴随着人类社会生活产生，可以说有组织就有制度。一个概念越是有普遍性，就越让人难以把握。一个国家的制度和一个组织的内部制度虽然都称为“制度”，但它们之间的内涵和外延大不相同。所以，这里所说的具有宏观决定性的制度，首先是指中国特色社会主义制度体系中的根本制度、基本制度，二者体现着我国国家制度的本质，决定于我国社会主义价值目标。如果改变了这些制度，也就改变了国家性质，改变了中国特色社会主义道路，改变了我国人民共同的价值选择。明确制度的根本规定性，对于我国当前的改革攻坚具有重要的意义，无论改革怎样深入，坚持中国共产党的领导，坚持人民民主和社会主义公有制都是立国之本。其次，中国特色社会主义制度体系中的重要制度，对于社会主义事业的各方面、各领域的发展具有宏观决定性，虽然不像根本制度那样直接决定着社会主义事业的发展方向，也不像基本制度那样决定着社会主义事业发展的全局，但在制度体系中，在各自的领域内，重要制度对于制度建设具有原则性作用，其社会影响也涉及整个社会，或者影响事业发展全局。总体上，“制度”在制度体系实践中处于顶层，决定着制度体系的性质和效能。

体制是制度在社会主义事业总体布局各领域中的实现形式，是中国特色社会主义制度植根于我国社会环境的具体体现。体制决定于制度并服务于制度，我国改革的着力点就在这个层面，也就是说，在社会主义价值目标决定了的政治制度、经济制度原则不动摇的情况下，探索适应我国现实的制度实现形式。全面的体制改革包括政治体制的改革、经济体制的改革、领导体制的改革等。相对于制度的宏观决定性，体制具有功能自主性。中国特色社会主义制度体系付诸实践，总要落实在各领域，发挥着各自的功能。也就是说，制度体系的宏观决定性就是由系统中的各部分发挥出来的自主性功能形成的集合。任何一个国家制度都会在实践中，表现为适应现实的运行规则。纵观资本主义国家的制度变迁，我们会发现，各资本主义国家的政治体制、经济体制有着明显的差异，这种差异源于各国不同的文化基础和社会历史条件，但在相同的资本主义制度价值约束下，在不同的体制状态下是万变不离其宗的制度本质。社会主义制度也是如此，“所谓‘社会主义社会’不是一种一成不变的东西，而应当和任何其他社会制度一样，把它看成是经常变化和改革的社会”。中国特色社会主义制度的发展和完善，主要是指在体制层面的改革和创新，将来自实践的成功经验制度化，以法律形式加以固定，表现为追求制度价值目标、维护制度原则、落实制度体现的规范文本。邓小平关于政治体制改革的论述充分体现了对制度和体制之间关系的辩证思考：“我们政治体制改革总的目标是三条：第一，巩固社会主义制度；第二，发展社会主义社会的生产力；第三，发扬社会主义民主，调动广大人民的积极性。”

理顺制度的原则规定性和体制的灵活适应性，对于巩固和坚持中国特色社会主义制度意义重大。维护制度稳定与改革创新统一的关键在于厘清制度与体制的辩证关系。尽管体制具有现实性、灵活性，但是不能背离原则，不能离开制度的根本规定性，否则改革就会偏离方向。体制的灵活性相对于制度而言，是可以将其作为实现手段，采用可行的方式，推进社会发展，但这不是无条件的，不能体现制度原则的体制只会影响制度的健康发展和整体优势的发挥。作为制度具体表现的体制，也应该具有全局性和稳定性特征。全局性是指政治体制、经济体制、文化体制、社会体制在制度体系内具有全局性意义，是制度体系的有机构成，因此体制改革需要审慎；稳定性是说体制也具有规范性特征，不易频繁地变动。体制一旦形成就需要长期坚持，直到符合这一体制的环境条件改变才能改变。在现实生活中，人民群众总是首先感受到体制的存在和运行，频繁变动的体制会降低人民群众对制度的信任。

机制是制度的微观运行方式，是制度结构的组织形式和运行状态，是制度深入现实生活的触角。其贴近现实生活，是大众感受制度的直接形式。在中国特色社会主义制度体系中，机制起着具体的、基础性的作用。制度运行机制是各项具体制度、体制的落实和具体实现，直接涉及社会组织、公民个人等具体的行为角色，是中国特色社会主义制度实现过程中能动而活跃的层面，是社会主义制度深层次的实现样态。机制是体制的具体化，机制本身含有制度因素，具有一定程度的规范性特点，机制形成只能以制度、体制为前提，制度原则是机制构成的灵魂。机制是各项体制之间的协调运行，不能单独发挥作用，在所有的机制改革问题上，必须坚持整体性的协调观念，不同层次、不同侧面的体制要做到相辅相成，否则会引起机制对制度原则的背离，产生制度实践过程中的社会认同问题，从而危及制度本身。机制是制度实现、体制运行过程中有效方式、方法的总结和凝练，一般表现为形式和思路创新，也因此具有灵活性。改革过程中，机制的创新是经常的、多样的，是通过系统化、理论化、体制化将经过实践检验有效的方式方法进一步提升并加以实践和推广。在制度运行机制层面，关键是人的因素，制度结构合理健全，体制实现贴合实际，但是执行机制中人的素质与制度不能契合，制度的实现、机制的运行也会有问题。制度逻辑的分析最终总会落脚到管理者的观念水平、公民素质能力等方面。个人认识水平、利益取向和思维习惯都可能形成对制度机制的偏见，从而影响制度的运行。

中国特色社会主义制度体系的实践表现为纵向的运行，以简洁的方式可以表述为制度是顶层的行为规范，体制是在社会领域中的实现形式，机制则是微观组织的具体存在和运行，三个层面环环相扣。从坚持制度的原则立场到体制运行的环境适应再到机制的微观运行，越来越表现出灵活变动的可能性，但是社会主义制度的价值原则始终是决定中国特色社会主义发展方向的根本。如果将中国特色社会主义制度体系比作一棵参天大树，制度之根深埋在土壤中，决定着大树的生命和价值；体制是树干，发端于树根，呈现着大树的模样，提取根的营养——制度的决定性因素，塑造枝叶，又汇聚枝叶的营养反馈给树根；机制则是丰茂的枝叶，是大树生命力的证明，依赖树干的支撑，同时吸收环境精华，在每一个枝叶间进行光合作用，支持着大树的生长。

三、中国特色社会主义制度体系的"系统集成"

以习近平同志为核心的党中央立足新时代的中国实际，着重解决体制性的深层次障碍、克服机制性的梗阻，推出了一系列政策性创新，不仅有效解决了一批结构性矛盾，在很多领域实现了历史性变革、系统性重塑、整体性重构，而且激发了全社会发展和创新活力，增强了广大人民群众的获得感、幸福感、安全感。制度改革和创新经过夯基垒台、立柱架梁，全面推进、积厚成势，显现出鲜明的特色和巨大的优势。在实践工作中，坚持和完善中国特色社会主义制度体系重在实现制度效能，着力固根基、扬优势、补短板、强弱项，"把着力点放到加强系统集成、协同高效上来"。

处理好制度改革顶层设计和分层对接的关系。注重制度改革的顶层设计是以习近平同志为核心的党中央推进制度改革和创新的鲜明特征。顶层设计主要是党和政府从国家稳定发展的大局和最高利益出发，对制度进行全局性设计和规划。顶层设计主要抓全局性、宏观性、根本性、核心性的问题，从而纲举目张，为解决其他问题确定方向。分层对接就是使制度的顶层设计通过各部门各领域具体制度体制机制的衔接和配套，使其精准落地，真正发挥制度效能。

搞好制度体系之间的分层对接，也就是搞好各层次、各部分制度结构之间的耦合。如果将制度体系比作多个相互作用、彼此咬合的齿轮结构，齿轮之间的咬合关系就是制度耦合关系。中国特色社会主义制度与我国中国特色社会主义事业“五位一体”总体布局相适应，包括根本政治制度、基本政治制度、基本经济制度、中国特色社会主义法律体系和与之相配套的政治、经济、文化、社会和生态文明等具体制度体制，它们之间环环相扣、彼此耦合。如果只有顶层设计而没有具体对接的制度体制，制度改革就会落空，就不能真正有效实施。因此需要在制度主体框架和顶层设计的基础上，不断丰富和完善各个领域的体制机制，使顶层设计真正落地生根，发挥制度体系的整体效能。

搞好制度体系之间的衔接配套，也就是健全每一领域、每一部门、每一项制度规定，尤其要精准落实制度细节。一方面，要深入研究制度衔接，比如一项涉及全国各省、自治区、直辖市的惠民制度，要贯彻到群众生活之中，不仅要有国务院这一行政层级出台的严密细致的文件规定，还要有部委、省（区、市）因地制宜具体实施的细则，更要有直接面向群众的区、县、乡级基层政府的操作规程。一套制度从上到下，落实到群众生活，每一个行政层级之间的制度流程必须充分衔接，无漏洞，不中断，不梗阻。另一方面，一项制度的落实要有相应的配套措施，人财物保障、责任界定、激励手段等要齐全具体。顶层制度往往是明文规定，而基层制度的落实重点则在于配套措施的有力保障。

搞好制度体系之间的同频协调。党的十八届三中全会以来，注重克服机制性的梗阻问题，打通理顺了许多堵点难点，增强了全社会发展活力和创新活力。但是在制度系统中，良好的制度耦合，健全的制度衔接配套，都不能避免制度运行的“摩擦力”，微小的、局部的摩擦有可能被社会传递和放大，形成制度运行的梗阻。所以，强化系统集成和协同高效，激活制度体系内部动力，形成同频共振是消减制度梗阻的有效途径。如果制度体系形成了相同的“频率”，制度效能不仅可以被放大，还可能形成强大的动力，从而调动起各方面的主动性和积极性，汇聚起制度共识。

注重各项改革协调推进，使各项制度建设相得益彰。完善中国特色社会主义制度体系，必须更加注重改革的系统性、整体性、协同性。促进各项改革的协调推进，统筹各方面关系，推进制度体系各层次之间发生“化学反应”。

统筹好中央与地方的关系。“治理好我们这样的大国，要理顺中央和地方职责关系，更好发挥中央和地方两个积极性。”一方面，科学设置中央和地方事权，合理设置和配置各层级机构及其职能。中央加强宏观事务管理，地方在保证党中央令行禁止前提下管理好本地区事务。地方法规与机构职能要遵守国家法律法规，要保证党中央的方针政策落到实处，党中央的决定能够迅速有效地贯彻执行。另一方面，赋予地方政府，主要是省级以下政府更多自主权。把直接面向基层、量大面广、由地方实施更为便捷有效的经济社会管理事项下放给地方，提高地方治理效能，调动地方积极性。

统筹好政府与市场的关系。经济体制改革是全面深化改革的重点，核心问题是处理好政府和市场的关系。习近平总书记指出，在市场作用和政府作用的问题上，要讲辩证法、两点论，“看不见的手”和“看得见的手”都要用好，努力形成市场作用和政府作用有机统一、相互补充、相互协调、相互促进的格局。一方面，坚持社会主义市场经济改革方向，把市场机制能有效调节的经济活动交给市场，把政府不该管的事交给市场，让市场在所有能够发挥作用的领域都充分发挥作用。另一方面，切实转变政府职能，深化行政体制改革，创新行政管理方式，健全宏观调控体系，加强市场活动监管。各级政府要依法行政，该管的事要管好、管到位，该放的权要放足、放到位，克服政府职能错位、越位、缺位现象。

名言金句

我最牵挂的还是困难群众，他们吃得怎么样、住得怎么样，能不能过好新年、过好春节。

全面小康，覆盖的人口要全面，是惠及全体人民的小康。全面建成小康社会突出的短板主要在民生领域，发展不全面的问题很大程度上也表现在不同社会群体民生保障方面。“天地之大，黎元为先。”要按照人人参与、人人尽力、人人享有的要求，坚守底线、突出重点、完善制度、引导预期，注重机会公平，着力保障基本民生。

脱贫攻坚已经到了啃硬骨头、攻坚拔寨的冲刺阶段，必须以更大的决心、更明确的思路、更精准的举措、超常规的力度，众志成城实现脱贫攻坚目标，决不能落下一个贫困地区、一个贫困群众。

——习近平

统筹好城乡发展一体化的关系。制度的成熟定型最关键和最困难的工作集中在统筹城乡关系上。党的十八届三中全会以来，党中央将“三农”问题作为全党工作的重中之重，城乡关系调整取得重大进展，同时我国农村欠账过多、基础薄弱，城乡发展不平衡不协调的矛盾依然突出。因此要把工业和农业、城市和乡村作为一个整体统筹谋划，促进城乡在规划布局、要素配置、产业发展、公共服务、生态保护等方面相互融合和共同发展。同时，农村发展在根本上要依靠亿万农民，要解放和发展农村社会生产力，激发农村发展活力，充分发挥亿万农民主体作用和首创精神，推进农村改革和制度创新。

统筹好国内和国际两个大局。制度统筹的重点在于充分利用国内、国际两个市场、两种资源。一方面，加快推进“一带一路”建设，统筹好体制机制支撑、政策支撑和金融支撑，寻求利益契合点和合作最大公约数，实现共商共建共享，惠及更广泛的区域。另一方面，立足内生经济活力，

“牢牢抓住体制改革这个核心，坚持内外统筹、破立结合，坚决破除一切阻碍对外开放的体制机制障碍，加快形成有利于培育新的比较优势和竞争优势的制度安排。要从制度和规则层面进行改革，推进包括放宽市场投资准入、加快自由贸易区建设、扩大内陆沿边开放等在内的体制机制改革，完善市场准入和监管、产权保护、信用体系等方面的法律制度，着力营造法治化、国际化的营商环境”。

制度的成熟和定型是一个发展过程，国家治理体系和治理能力现代化也是一个发展过程，不能一蹴而就，也不可能一劳永逸。中国特色社会主义制度体系建设必须尊重实际，随着实践发展而与时俱进。既不能过于理想化，急于求成，也不能盲目自信，固步自封。

04

第四章 “党中央是坐镇中军帐的‘帅’”

——如何理解党的领导是中国特色社会主义制度的最大优势

办好中国的事情，关键在党。中国共产党的领导是中国特色社会主义最本质的特征，是中国特色社会主义制度的最大优势，党是最高政治领导力量。党的十九届四中全会强调：“必须坚持党政军民学、东西南北中，党是领导一切的，坚决维护党中央权威，健全总揽全局、协调各方的党的领导制度体系，把党的领导落实到国家治理各领域各方面各环节。”我们推进各方面制度建设，推动各项事业发展，加强和改进各方面的工作，都必须坚持党的领导，自觉贯彻党总揽全局、协调各方的根本要求。

> **名言金句**
>
> 在中国共产党领导下，我们开辟了中国特色社会主义道路，形成了中国特色社会主义理论体系，建立了中国特色社会主义制度，发展了中国特色社会主义文化，推动中国特色社会主义进入了新时代。
>
> ——习近平

一、党的领导是中国特色社会主义制度政治方向的根本保证

“党的领导第一位的就是举旗定向。”方向决定道路，道路决定命运。方向涉及根本、关系全局、决定长远。坚持党的领导，才能保证中国特色社会主义制度始终高举中国特色社会主义伟大旗帜，坚持以习近平新时代中国特色社会主义思想为指导，以高度自觉推进社会革命和自我革命。在大是大非面前旗帜鲜明，在大风大浪面前头脑清醒，始终坚定中国特色社会主义的正确方向。任何政党都有政治属性，都有自己的政治使命、政治目标、政治追求。马克思主义政党具有崇高政治理论、高尚政

治追求、纯洁政治品质、严明政治纪律，这是确保正确政治方向的根本所在。《习近平谈治国理政》第三卷中有这样一个故事："红军过草地的时候，伙夫同志一起床，不问今天有没有米煮饭，却先问向南走还是向北走。"在红军队伍中，即便是炊事员也懂得方向问题比吃饭更重要。习近平总书记语重心长地说："如果在方向问题上出现偏差，就会犯颠覆性错误。"

在中国特色社会主义制度上，坚持党的领导，最关键的是政治领导。党的十九届四中全会深入回答了在我国国家制度和国家治理体系上，"坚持和巩固什么、完善和发展什么"这个重大政治问题。判断一名党员干部的素质能力，首先看的是政治上是否站得稳、靠得住，判断中国特色社会主义制度的优势，首先要检验的就是制度是否站得稳、靠得住。坚持党的领导必须立场坚定，决不能语焉不详、遮遮掩掩。最根本的就是坚持党中央权威和集中统一领导，就是全党各个组织和全体党员服从党的全国代表大会和中央委员会。从制度上保证党员干部做政治上的明白人，执行党中央决策部署不讲条件、不打折扣、不搞变通。我们党是按照马克思主义建党原则建立起来的，是坚持辩证唯物主义和历史唯物主义思想方法和工作方法的党，形成了党中央、地方组织和基层组织严密有序的组织体系，这是世界上任何其他政党都不具备的强大优势。党中央是大脑和中枢，党中央必须有定于一尊、一锤定音的权威，在中国特色社会主义制度运行中，才能形成"如身使臂，如臂使指，叱咤变化，无有留难，则天下之势一矣"的强大优势。

政策落实是执政党性质宗旨的试金石，是反映执政党治国理政水平的标志，是制度运行的中心环节。坚持党的政治领导，就是要胸怀两个大局，"一个是中华民族伟大复兴的战略全局，一个是世界百年未有之大变局"，这是党谋划工作的基本出发点，也是中国特色社会主义制度优势的战略基点。从国际环境来看，不稳定不确定因素明显增加，新冠肺炎疫情的影响广泛深远，经济全球化遭遇逆流，世界进入动荡变革期，单边主义、保护主义、霸权主义对世界和平与发展构成威胁。从国内发展来看，不平衡不充分问题仍然突出，重点领域、关键环节改革任务仍然艰巨，创新能力不适应高质量发展要求，农业基础还不稳固，城乡区域发展和收入分配差距较大，生态环境保护任重道远，民生保障存在短板，社会治理还有弱项。总体上，我国仍处于发展的重要战略机遇期，只有坚持党的领导，我们才能清醒认识国际国内各种不利因素的长期性、复杂性，妥善做好应对各种困难局面的准备。谋定而后动，厚积而薄发，全面驾驭大局，系统谋划全局，是确保中国特色社会主义制度行稳致远的根本保证。

【学界观点】

中国如果想在坚持社会主义制度的同时，实现中华民族的伟大复兴，成为世界舞台的焦点，就必须与时俱进。

——纳波利奥尼．中国道路：一位西方学者眼中的中国模式．孙豫宁，译．北京：中信出版社，2013：53.

【媒体声音】

与会代表委员们讨论的场面热烈而严肃，他们为此都做了充分的准备，肩负着人民对未来的期待与希望、带着人民的诉求和意见，积极建言献策、共商国是。这让包括我在内的大多数外国记者感到震撼和敬佩。作为世界了解和认识中国的重要窗口，中国全国两会越来越受到国际社会的关注。中国全国两会是代表委员们为人民发声和反映人民意愿的平台，其间讨论的内容，涉及中国政治、经济、社会、文化、生态文明等诸多领域。如今，中国开放的大门越开越大，世界渴望进一步深入了解中国，中国的发展可以为其他国家提供许多宝贵经验。

——郗士．希望更多了解中国发展成功秘诀（我与中国两会）．人民日报，2019-03-08（3）.

党总揽全局、协调各方的领导核心作用是中国特色社会主义制度优势发挥的关键。中国共产党领导处于中国特色社会主义制度体系和治理体系的核心地位。中国特色社会主义制度体系和治理体系是一个复杂的系统，坚持党的领导是确保中国特色社会主义制度体系和治理体系有效运行的关键。“我国社会主义政治制度优越性的一个突出特点是党总揽全局、协调各方的领导核心作用，形象地说是‘众星捧月’，这个‘月’就是中国共产党。在国家治理体系的大棋局中，党中央是坐镇中军帐的‘帅’，车马炮各展其长，一盘棋大局分明。如果中国出现了各自为政、一盘散沙的局面，不仅我们确定的目标不能实现，而且必定会产生灾难性后果。”“国家治理体系是由众多子系统构成的复杂系统，这个系统的核心是中国共产党，人大、政府、政协、法院、检察院、军队，各民主党派和无党派人士，各企事业单位，工会、共青团、妇联等群团组织，都要坚持中国共产党领导。”具体而言，中央委员会、中央政治局、中央政治局常务委员会是党的领导决策核心。党中央做出的决策部署，党的组织、宣传、统战、政法等部门要贯彻落实，人大、政府、政协、法院、检察院的党组织要贯彻落实，事业单位、人民团体等的党组织也要贯彻落实。党的十九届三中全会强调深化党和国家机构改革，指出：“加强党对各领域各方面工作领导，是深化党和国家机构改革的首要任务。要优化党的组织机构，确保党的领导全覆盖，确保党的领导更加坚强有力。”中国特色社会主义根本制度、基本制度、重要制度，是对党和国家各方面事业做出的制度安排。党的十九届四中全会为坚持和完善中国特色社会主义制度、推进国家治理体系和治理能力现代化提供了科学指南和基本遵循。无论是编制发展规划、推进法治建设、制定政策措施，还是部署各项工作，都要遵照这些制度，不能有任何偏差。党的各级领导干部要增强政治敏锐性、政治鉴别力，提高政治能力，很重要的一条就是坚定不移地坚持这些制度。想问题、做决策、抓落实都要自觉对标对表。党的各级组织充分释放出领导力和执行力，关键是能够统筹各方，协调全局，真正执行和落实中国特色社会主义制度。

据国家统计局公布的数据，我国贫困地区通电话的自然村由 2013 年的 93.3% 增加到 2018 年的 99.2%，通有线电视信号的自然村由 2013 年的 70.7% 增加到 2018 年的 88.1%，通宽带的自然村由 2013 年的 41.5% 增加到 2018 年的 81.9%，主干道路面经过硬化处理的自然村由 2013 年的 59.9% 增加到 2018 年的 82.6%，开通客运班车的自然村由 2013 年的 38.8% 增加到 2018 年的 54.7%，我国贫困地区的面貌得到明显改变。

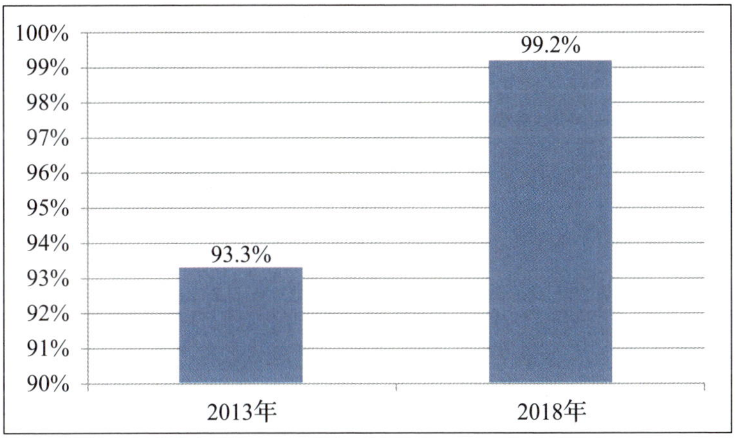

我国贫困地区通电话的自然村数量增长情况

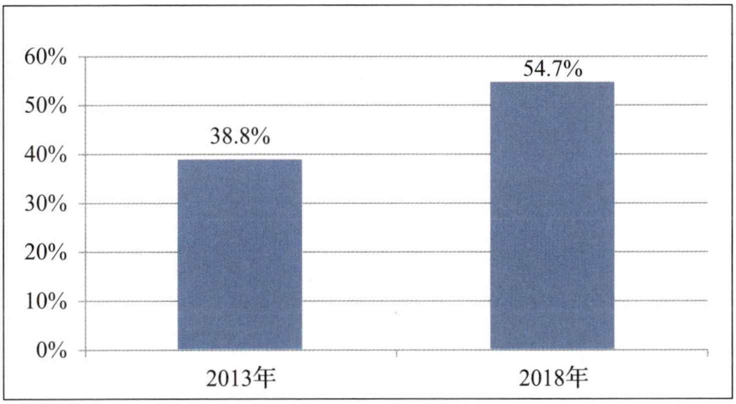

我国贫困地区开通客运班车的自然村数量增长情况

资料来源：国家统计局网。

全面协调是以习近平同志为核心的党中央治国理政的鲜明特征，是唯物辩证法的生动实践。坚持党的全面统一领导，坚持科学方法论，坚持党总揽全局、协调各方的工作方法，是准确把握客观实际，真正掌握客观规律，科学处理新时代坚持和发展中国特色社会主义的各种重大关系的根本保证，是中国特色社会主义制度效能的根本保证。“在任何工作中，我们既要讲两点论，又要讲重点论，没有主次，不加区别，眉毛胡子一把抓，是做不好工作的。”推进中国特色社会主义制度的完善与发展，既要总体谋划，又要注重牵住“牛鼻子”；既要顶层设计，又要抓住关键环节和重要领域。统筹兼顾、综合平衡，突出重点，带动全局，就是要“十个指头弹钢琴”，统筹国内和国际两个大局，统筹党和国家事业的全局，统筹发展和安全两件大事，统筹经济建设、政治建设、文化建设、社会建设、生态文明建设各环节，协调好速度、力度、进度，使中国特色社会主义制度体系发挥出整体性、系统性、全局性的治理效能。

方向没有问题，政治上就不会出问题。中国特色社会主义要坚决反对以任何借口否定党的领导、割裂或歪曲党的领导和其他制度体制之间关系的错误倾向。针对有人以西方制度为标准或参照，借口否定中国共产党领导和中国特色社会主义制度的错误倾向，习近平总书记进行了深刻批判和驳斥，强调任何人以任何借口否定中国共产党领导和我国社会主义制度，都是错误的、有害的，都是违反宪法的，都是绝对不能接受的。针对党大还是法大的问题，习近平总书记强调：“‘党大还是法大’是一个政治陷阱，是一个伪命题。对这个问题，我们不能含糊其辞、语焉不详，要明确予以回答。”“在坚持党对政法工作的领导这样的大是大非面前，一定要保持政治清醒和政治自觉，任何时候任何情况下都不能有丝毫动摇。我们既要坚持党对政法工作的领导不动摇，又要加强和改善党对政法工作的领导，不断提高党领导政法工作能力和水平。”中国共产党始终重视思想建党、理论建党，全党始终保持统一的思想、坚定的意志、协调的行动和强大的战斗力。完善和发展中国特色社会主义制度、推进国家治理体系和治理能力现代化的伟大历史任务，离不开党的领导，离不开马克思主义科学理论的指导。

二、党的领导是中国特色社会主义制度凝心聚力的根本保证

坚持党的领导是中国特色社会主义最本质的特征，是推进民主和法治建设，做好党和国家各项工作的根本保证。实现人民当家作主，有序推进国家和社会生活的制度化和法治化，实现全面依法治国，最根本的是坚持中国共产党的领导。

党的领导是实现人民当家作主的根本保证。人民民主是社会主义的生命，没有民主就没有社会主义，就没有社会主义现代化，就没有中华民族伟大复兴。中国共产党从成立之日起就高举人民当家作主旗帜，把实现人民当家作主作为始终不渝的奋斗目标，这是由共产党的宗旨和性质决定的。“我国社会主义民主是维护人民根本利益的最广泛、最真实、最管用的民主。发展社会主义民主政治就是要体现人民意志、保障人民权益、激发人民创造活力，用制度体系保证人民当家作主。”经过长期努力，中国人民在中国共产党领导下探索并形成一整套社会主义民主政治制度安排，其根本目的就是保证和支持人民当家作主落实到国家政治生活和社会生活之中。我国是工人阶级领导的、以工农联盟为基础的人民民主专政的社会主义国家，国家一切权力属于人民。人民通过各级人民代表大会行使国家权力；国家通过建立健全法律制度，保证人民通过各种途径和形式，管理国家事务，管理经济文化事业，管理社会事务；国家制定实施的法律必须体现人民意志、得到人民拥护、维护最广大人民的根本利益；一切国家机关和国家工作人员必须接受人民监督，为人民服务；国家各项事业发展必

须以人民为中心，不断满足人民日益增长的美好生活需要，促进人的全面发展。党的十八大以来，习近平总书记着眼于在新的历史起点上推进中国特色社会主义事业，突出强调，坚持人民主体地位，充分调动人民积极性，始终是我们党立于不败之地的强大根基。“中国共产党的领导，就是支持和保证人民实现当家作主。”“支持和保证人民实现当家作主”不是一句口号、不是一句空话，必须落实到国家政治生活和社会生活之中。在中国，只有共产党率领人民始终不渝地为民主自由而奋斗，致力于民主和法治建设，没有中国共产党就没有人民民主。

人民是我们党执政的最大底气。人民是历史的创造者，是我们共和国的坚实根基，是我们强党兴国的根本所在。我们党来自人民、为人民而生，因人民而兴，植根于人民、服务人民。中国共产党除了人民利益之外没有自己的特殊利益，党的一切工作都是为了实现好、维护好、发展好最广大人民根本利益。中国共产党始终将人民立场作为根本立场，把为人民谋幸福作为根本使命，坚持全心全意为人民服务的根本宗旨。始终保持同人民群众的血

【媒体声音】

年末全国参加城镇职工基本养老保险人数 43 482 万人，比上年末增加 1 581 万人。参加城乡居民基本养老保险人数 53 266 万人，增加 874 万人。参加基本医疗保险人数 135 436 万人，增加 978 万人。其中，参加职工基本医疗保险人数 32 926 万人，增加 1 245 万人；参加城乡居民基本医疗保险人数 102 510 万人。参加失业保险人数 20 543 万人，增加 899 万人。年末全国领取失业保险金人数 228 万人。参加工伤保险人数 25 474 万人，增加 1 600 万人，其中参加工伤保险的农民工 8 616 万人，增加 530 万人。参加生育保险人数 21 432 万人，增加 997 万人。年末全国共有 861 万人享受城市最低生活保障，3 456 万人享受农村最低生活保障，439 万人享受农村特困人员救助供养，全年临时救助 918 万人次。全年资助 7 782 万人参加基本医疗保险，实施门诊和住院救助 6 180 万人次。

——国家统计局．中华人民共和国 2019 年国民经济和社会发展统计公报．人民日报，2020-02-29（5）．

肉联系，凝聚起众志成城的磅礴力量，团结带领人民共同创造历史伟业。这是尊重历史规律的必然选择，是共产党人不忘初心、牢记使命的自觉担当。习近平总书记指出：“不忘初心、牢记使命，说到底是为什么人、靠什么人的问题。以百姓心为心，与人民同呼吸、共命运、心连心，是党的初心，也是党的恒心。”“群众路线是党的生命线和根本工作路线”。中国共产党的领导，是中国、中国人民、中华民族的一大幸事。在党的领导下，中国人民的特质、禀赋不仅绵延了辉煌灿烂的中华文明，更塑造了当代中国人民的精神世界，涵养了长期奋斗的伟大民族精神。中国共产党领导下的中国人民为中国发展和人类文明进步提供了强大的精神动力，为中国特色社会主义制度凝聚了民心和力量。得民心者得天下，失民心者失天下，人民拥护和支持是党执政的最牢固根基。

党的领导是维护社会公平正义的根本保证。公平正义是中国特色社会主义的内在要求，实现公平正义是我们党的一贯主张。新时代坚持和发展中国特色社会主义，必须在全体人民共同奋斗、经济社会发展的基础上，通过制度安排，依法保障人民权益，逐步建立社会公平保障体系，努力营造公平的社会环境，保障人民平等参与、平等发展的权利。“制度是社会公平正义的根本保证。必须加紧建设对保障社会公平正义具有重大作用的制度。”习近平总书记2019年在上海考察时强调：“要抓住人民最关心最直接最现实的利益问题，扭住突出民生难题，一件事情接着一件事情办，一年接着一年干，争取早见实效。让人民群众有更多获得感、幸福感、安全感。”坚持党的领导，才能确保中国特色社会主义制度以人民为中心，坚持

名言金句

着力推进改革开放，着力促进社会公平正义，着力营造政治上的绿水青山，为全面建成小康社会决胜阶段开好局、起好步。

——习近平

人民主体地位，坚持共同富裕方向，始终做到发展为了人民、发展依靠人民、发展成果由人民共享，维护人民根本利益，激发全体人民的积极性、主动性、创造性，促进社会公平，增进民生福祉。当前，我国发展不平衡不充分问题仍然突出，城乡区域发展和收入分配差距较大，促进全体人民共同富裕是一项长期任务。我们要解决的关键问题是通过合理有效的制度安排，提高制度的科学性、合理性，协调解决各种复杂的社会利益矛盾，使之得到正当的解决，最大限度地实现公平正义。“理国要道，在于公平正直。”实现公平正义要做大“蛋糕”，还要分好“蛋糕”，让人民群众在日常生活中都能感受到公平正义，“逐步建立以权利公平、机会公平、规则公平为主要内容的社会公平保障体系”。中国人民的权利得以实现的根本原因是在党的领导下，我们消灭了人剥削人的制度，消灭了人与人之间事实上不平等的根源，也为最终消灭不平等、建立公平正义的制度和公平正义的社会创造了条件。维护机会公平是权利公平的具体体现。机会公平虽然不能一定实现结果公平，但却能给每个社会成员提供平等的发展希望和发展可能，有助于形成努力向上的社会共识，建立良性的社会发展动力。维护规则公平是权利公平和机会公平的前提，竞争规则的公平得到维护，才能最终实现结果的公平。“制度好可以使坏人无法任意横行，制度不好可以使好人无法充分做好事，甚至会走向反面。”习近平总书记强调，要把促进社会公平正义、增进人民福祉作为一面镜子，审视我们各方面体制机制和政策规定，哪里有不符合促进公平正义的问题，哪里就需要改革。要让每个人获得发展自我、奉献社会的机会，共同享有人生出彩的机会，共同享有梦想成真的机会。

党的领导是推进国家和社会生活制度化、法治化的根本保证。党的领导是社会主义法治最根本的保证。坚持中国特色社会主义法治道路，最根本的是坚持中国共产党的领导。习近平法治思想把坚持党的领导作为全面依法治国的基本原则，并从理论和实践的结合上对党和法治的关系进行了清晰、透彻的阐释，同时强调要把党的领导贯穿于全面依法治国的全过程和各方面。习近平总书记指出：“依法治国是我们党提出来的，把依法治国上升为党领导人民治理国家的基本方略也是我们党提出来的，而且党一直带领人民在实践中推进依法治国。全面推进依法治国，要有利于加强和改善党的领导，有利于巩固党的执政地位、完成党的执政使命，决不是要削弱党的领导。”同时还强调，“全面推进依法治国这件大事能不能办好，最关键的是方向是不是正确、政治保证是不是坚强有力”。

党的领导、人民当家作主和依法治国有机统一，最根本的是坚持党的领导。党的领导、人民当家作主和依法治国是我国社会主义民主政治的基本要素，它们构成一个紧密联系、内在统一、不可分割的整体，但是坚持党的领导是核心和关键。党的十九大报告指出：“党的领导是人民当家作主和依法治国的根本保证，人民当家作主是社会主义民主政治的本质特征，依法治国是党领导人民治理国家的基本方式，三者统一于我国社会主义民主政治伟大实践。”习近平总书记系统地阐述了三者之间的内在联系和坚持党的领导在三者中的重要地位，他强调：“我们强调坚持党的领导、人民当家作主、依法治国有机统一，最根本的是坚持党的领导。坚持党的领导，就是要支持人民当家作主，实施好依法治国这个党领导人民治理国家的基本方略。党的领导和

> **名言金句**
>
> 我们党在革命性锻造中坚定走在时代前列，始终是中国人民和中华民族的主心骨！
>
> ——习近平

社会主义法治是一致的，只有坚持党的领导，人民当家作主才能充分实现，国家和社会生活制度化、法治化才能有序推进。不能把坚持党的领导同人民当家作主、依法治国对立起来，更不能用人民当家作主、依法治国来动摇和否定党的领导。那样做在思想上是错误的，在政治上是十分危险的。”

三、党的领导为中国特色社会主义制度的完善发展领航掌舵

没有党的领导，就没有新中国，就没有中国特色社会主义制度。只要我们深入了解党史、新中国史、改革开放史、社会主义发展史，就不难发现，如果没有中国共产党领导，我们的国家、我们的民族不可能取得今天这样的成就，也不可能有今天这样的国际地位。中国特色社会主义制度是在中国共产党领导下确立发展的。习近平总书记 2014 年在兰考县委常委班子专题民主生活会上指出：“中国最大的国情就是中国共产党的领导。什么是中国特色？这就是中国特色。中国共产党领导的制度是我们自己的，不是从哪里克隆来的，也不是亦步亦趋效仿别人的。”在中国特色社会主义制度形成发展与党领导社会主义事业的伟大历程中，党把握方向、谋划全局、提出战略、制定政策、推进改革，“为发展航船定好向、掌好舵”。

中国共产党是中国特色社会主义制度的创设者。在中国确立社会主义制度是中国共产党成立时就确定要实现的崇高目标。新中国成立后，在中国共产党的领导下，我国建立了工人阶级领导的、以工农联盟为基础的人民民主专政的社会主义国家。同国体相适应，在政体上，我国实行民主集中制的人民代表大会制度，这是我国的根本政治制度；在政党制度上，实行中国共产党领导的多党合作和政治协商制度；在民族关系上，实行民族区域自治制度；在法律体系上，逐步形成了以宪法为核心的新中国

的法律框架。社会主义改造基本完成后我国确立起社会主义基本经济制度，与此相适应，在经济运行管理、工业企业管理、基本建设管理、财务管理、物资管理、价格管理等方面都建立了高度集中的管理体制。以毛泽东为主要代表的中国共产党人，实事求是，以史为鉴，努力摒弃苏联体制的弊端，对符合中国国情的社会主义经济、政治体制进行了艰辛探索。我们党团结带领人民确立了社会主义基本制度，成功实现了中国历史上最深刻最伟大的社会变革，为当代中国一切发展进步奠定了根本政治前提和制度基础。中国共产党追求的社会主义制度的科学构想，由抽象变为具体，由制度原则成为制度实践，由蓝图化为现实，由局部实践拓展为全国实践。

中国共产党是中国特色社会主义制度改革的探索者。科学社会主义从来不是一成不变的教条，社会主义是一个不断完善和发展的实践过程。中国特色社会主义制度的生命力和活力来自科学理论的指导，是党在长期实践探索中，坚持把马克思主义基本原理同中国具体实际相结合，把开拓正确道路、发展科学理论、建设有效制度有机统一起来，用中国化的马克思主义、发展着的马克思主义指导国家制度和国家治理体系建设，不断深化对执政规律、社会主义建设规律、人类社会发展规律的认识，及时把成功的实践经验转化为制度成果。改革开放以来，党的历届中央领导集体都积极探索中国特色社会主义制度改革。邓小平强调：“社会主义基本制度确立以后，还要从根本上改变束缚生产力发展的经济体制，建立起充

> **名言金句**
>
> 改革开放前的社会主义实践探索，是党和人民在历史新时期把握现实、创造未来的出发阵地，没有它提供的正反两方面的历史经验，没有它积累的思想成果、物质成果、制度成果，改革开放也难以顺利推进。
>
> ——习近平

满生机和活力的社会主义经济体制，促进生产力的发展，这是改革，所以改革也是解放生产力。”江泽民指出：“要正确认识和妥善处理新的历史条件下解放和发展社会生产力与调整完善生产关系，根据经济基础的发展自觉改革和完善上层建筑中不相适应部分的问题。”胡锦涛也指出，要“自觉调整和改革生产关系同生产力、上层建筑同经济基础不相适应的方面和环节，为各方面发展提供强大动力”。党的十八大以来，习近平总书记适应新时代的特点和要求，强调中国特色社会主义制度是特色鲜明、富有效率的，但还不是尽善尽美、成熟定型的，我们要坚持和完善现有制度，从实际出发，及时制定一些新的制度。党的十八届三中全会强调，全面深化改革的总目标是完善和发展中国特色社会主义制度，推进国家治理体系和治理能力现代化，并确定了到2020年形成系统完备、科学规范、运行有效的制度体系的战略任务。党的十九大根据新时代要求对制度创新和发展提出了新的具体要求，制定新的具体规划。党的十九届二中、三中全会分别就修改宪法、深化党和国家机构改革做出部署，在制度建设和国家治理能力建设上迈出了新的重大步伐。党的十九届四中全会对完善和发展中国特色社会主义制度、推进国家治理体系和治理能力现代化进行了系统总结，提出了与时俱进的前进方向和工作要求。党的十九届五中全会系统谋划“十四五”规划和2035年远景目标，突出强调我国有独特的政治优势、制度优势、发展优势和机遇优势，经济社会发展依然有诸多有利条件，我们完全有信心、有底气、有能力谱写“两大奇迹”新篇章，党的领导是中国特色社会主义制度自信的精神支撑。

中国共产党是中国特色社会主义制度有效运行的领航者。中国共产党是中国特色社会主义事业的领导核心，要保证国家统一、法制统一、政令统一、市场统一，要实现经济发展、政治清明、文化昌盛、社会公正、生态良好，要顺利推进新时代中国特色社会主义各项事业，必须完善坚持党据国家统计局统计，截至 2019 年底，我国农村贫困人口的数量从 2012 年末的 9 899 万减少至 551 万，7 年来农村贫困人口累计减少了 9 348 万。改革开放以来，我国贫困人口累计减少了 8 亿多，充分体现了中国共产党的政治优势和中国特色社会主义制度的优越性。

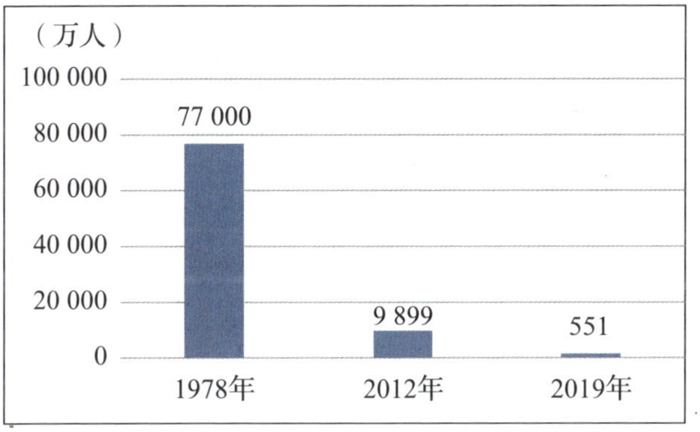

1978 年、2012 年和 2019 年末我国农村贫困人口的数量

资料来源：国家统计局网。

的领导的体制机制，更好发挥党的领导这一最大优势。邓小平曾经指出：“中国由共产党领导，中国的社会主义现代化建设事业由共产党领导，这个原则是不能动摇的；动摇了中国就要倒退到分裂和混乱，就不可能实现现代化。”“离开了中国共产党的领导，谁来组织社会主义的经济、政治、军事和文化？谁来组织中国的四个现代化？”习近平总书记明确把坚持党的领导放在制度层面进行阐述，他指出：“推进改革的目的是要不断推进我国社会主义制度自我完善和发展，赋予社会主义新的生机活力。这里面最核心的是坚持和改善党的领导、坚持和完善中国特色社会主义制度，偏离了这一条，那就南辕北辙了。”党的十九届三中全会强调要深化党和国家机构改革，而“深化党和国家机构改革的目标是，构建系统完备、科学规范、运行高效的党和国家机构职能体系，形成总揽全局、协调各方的党

的领导体系，职责明确、依法行政的政府治理体系，中国特色、世界一流的武装力量体系，联系广泛、服务群众的群团工作体系，推动人大、政府、政协、监察机关、审判机关、检察机关、人民团体、企事业单位、社会组织等在党的统一领导下协调行动、增强合力，全面提高国家治理能力和治理水平”。在国家政治生活中，党是居于领导地位的，应着力从制度安排上发挥党的领导这个最大的体制优势，统筹考虑党和国家各类机构设置，协调好并发挥出各类机构职能作用，完善科学领导和决策以及有效管理和执行的体制机制，善于使党的主张通过法定程序成为国家意志，善于使党组织推荐的人选通过法定程序成为国家政权机关的领导人员，善于通过国家政权机关实施党对国家和社会的领导，善于运用民主集中制原则维护党和国家权威、维护全党全国团结统一，确保党长期执政和国家长治久安。

05

第五章 “风景这边独好”

——如何分析和认识中国特色社会主义制度的显著优势

2011 年 7 月，胡锦涛在庆祝中国共产党成立 90 周年大会上总结了中国特色社会主义制度的五大优势。2019 年 9 月，习近平总书记在十九届中央政治局第十七次集体学习时指出，中国特色社会主义国家制度和法律制度在实践中显示出巨大优势，其中，坚持党的领导的优势，保证人民当家作主的优势，坚持全面依法治国的优势，实行民主集中制的优势是四个最为重要的优势。同年 10 月，党的十九届四中全会通过的《决定》又从十三个方面系统总结了我国国家制度和国家治理体系的显著优势，同时强调这些显著优势是我们坚定中国特色社会主义道路自信、理论自信、制度自信、文化自信的基本依据。

一、中国共产党对中国特色社会主义制度优势的认识历程

中国特色社会主义制度是党和人民在长期实践探索中形成的科学制度体系，我国国家治理一切工作和活动都依照中国特色社会主义制度展开。中国特色社会主义制度优势的彰显和中国共产党对制度优势的认识也需要在实践中不断发展和深化。

新民主主义革命时期，中国共产党主要从理论上认识社会主义制度优势。1940 年毛泽东在《新民主主义论》中指出：“共产主义是无产阶级的整个思想体系，同时又是一种新的社会制度。这种思想体系和社会制度，是区别于任何别的思想体系和任何别的社会制度的，是自有人类历史以来，最完全最进步最革命最合理的。”毛泽东还根据马克思、恩格斯和列

宁关于共产主义社会蓝图的科学描述，阐述了共产主义社会的基本特点：物质产品、精神财富都极为丰富，人们的共产主义觉悟极大提高；实行生产资料的共产主义全民所有制；实行各尽所能、按需分配的原则；脑力劳动与体力劳动的差别、城乡差别、工农差别以及旧社会分工彻底消失；阶级彻底消灭，政党、国家自行消亡。毛泽东还指出："中国将来一定要发展到社会主义去，这样一个定律谁都不能推翻。"

社会主义革命和建设时期，中国共产党不仅从理论上，而且从实践中认识和阐释中国特色社会主义制度优势。1951 年，毛泽东在全国政协一届三次会议上指出："一切事实都证明：我们的人民民主专政的制度，较之资本主义国家的政治制度具有极大的优越性。在这种制度的基础上，我国人民能够发挥其无穷无尽的力量。这种力量，是任何敌人所不能战胜的。"1954 年，刘少奇在《关于中华人民共和国宪法草案的报告》中指出："由于解放后的人民在劳动战线上表现出惊人的热情和创造能力……，我国已经在很短的时间内，恢复了被帝国主义和国民党反动派所破坏了的国民经济，开始了社会主义建设和社会主义改造的事业。社会主义经济在实际生活中，已经无可怀疑地证明了它比资本主义经济具有极大的优越性，它已日益壮大，并且日益巩固自己在国民经济中的领导地位。""五年以来的生活充分证明，由目前复杂的经济结构的社会过渡到单一的社会主义经济结构的社会，即由目前的新民主主义社会过渡到社会主义社会，是我国应当走的唯一正确的道路。"1957 年，周恩来在谈到我国民族政策时，结合民族政策所取得的成就指出："在社会主义制度下能够有民族繁荣，所以社会主义比资本主义优越，比封建主义更优越。"

毛泽东在谈到促进生产力发展的优势时指出："我国现在的社会制度比较旧时代的社会制度要优胜得多。如果不优胜，旧制度就不会被推翻，新制度就不可能建立。所谓社会主义生产关系比较旧时代生产关系更能够

主要工业产品的产量在第一个五年计划期间的变化情况（部分）

	1952 年	1957 年	1957 年比 1952 年增长的百分比
钢	135 万吨	535 万吨	296%
生铁	193 万吨	594 万吨	208%
发电量	72.6 亿度	193 亿度	166%
煤炭	6 649 万吨	13 000 万吨	96%
原油	43.6 万吨	146 万吨	235%
硫酸	19 万吨	63.2 万吨	233%
机车	20 台	167 台	735%
民用船舶	1.6 万载重量吨	5.4 万载重量吨	338%
内燃机	2.76 万马力	60.9 万马力	21 倍

资料来源：《中华人民共和国国家统计局关于发展国民经济的第一个五年（1953 年到 1957 年）计划执行结果的公报》（1959 年 4 月 13 日）。

适合生产力发展的性质，就是指能够容许生产力以旧社会所没有的速度迅速发展，因而生产不断扩大，因而使人民不断增长的需要能够逐步得到满足的这样一种情况。”他还指出：“资本主义道路，也可增产，但时间要长，而且是痛苦的道路。我们不搞资本主义，这是定了的，如果又不搞社会主义，那就要两头落空。”1956 年，工业总产值为 703.6 亿元，超过了“一五”计划规定的 1957 年所要达到的水平；农业总产值为 583 亿元，接近“一五”计划规定的 1957 年水平；工业总产值在工农业总产值中占 54.7%。毛泽东高兴地指出：“社会主义制度促进了我国生产力的突飞猛进的发展，这一点，甚至连国外的敌人也不能不承认了。”

改革开放新时期，中国共产党在不断深化对“什么是社会主义、怎样建设社会主义”的认识过程中阐释中国特色社会主义制度优势。

促进社会生产力发展。邓小平认为，社会主义制度优势表现在许多方面，但是首先表现为经济发展的速度和效果。1985 年，他在会见美国时代公司组织的美国高级企业家代表团时提道：“社会主义优越性最终要体现在生产力能够更好地发展上。”1995 年，江泽民在全国科学技术大会上指出：“社会主义制度的优越性，最终体现为生产力比在其他制度下的更快发展。”1998 年，江泽民在总结党的十一届三中全会以来的历史经验时，再次强调生产力的发展是社会主义优越性“最根本的经济源泉”。

中国共产党的领导。中国共产党的领导是中国特色社会主义事业的根本保证。1986 年底，针对社会上一些否定党的领导、否定社会主义的错误思潮，邓小平旗帜鲜明地指出：“中国没有共产党的领导、不搞社会主义是没有前途的。这个道理已经得到证明，将来还会得到证明。”1987 年，邓小平在会见匈牙利社会主义工人党总书记卡达尔时又提出“共产党的领导”是社会主义制度不可丢掉的优越性。1989 年，江泽民针对当时的社会思潮提出：“有人认为，坚持党的领导不但不是优势，反而是劣势；一切腐败现象和不正之风的根源就在于坚持党的领导；中国要有希望，出路就在于搞西方国家的多党制。这是一种极端错误的言论。坚持党的领导，我们不能有丝毫含糊。”改革开放以来，党的几代中央领导集体在坚持和发展党的领导这一制度优势方面始终没有丝毫动摇。

实现共同富裕。社会主义财富属于人民，社会主义的致富是全民共同致富。社会主义不是少数人富起来、大多数人穷。社会主义最大的优越性就是共同富裕，这是体现社会主义本质的一个东西。邓小平认为，实现共同富裕，首先就要使生产力发展，这是主要的。只有这样，才能表明社会主义的优越性。其次，坚持社会主义生产资料公有制，这是实现共同富裕的经济基础和制度保障。再次，采取先富带动后富，最终实现共同富裕的捷径，就是先让有条件的一部分人和地区先富起来，然后带动另一部分人和地区共同富裕。最后，要防止两极分化。邓小平提出，“如果我们的政策导致两极分化，我们就失败了”。邓小平这种总体上从以往“公平优先、兼顾效率”向“效率优先、兼顾公平”实现共同富裕的思想的转变，在实践上取得了显著成效。对此，1998 年，江泽民在总结改革开放 20 年我们党的主要历史经验时提出：“允许和鼓励一部分地区、一部分人通过诚实劳动和合法经营先富起来，带动和帮助其他地区和其他群众，最终达到全国各地区普遍繁荣和全体人民共同富裕，这是我们必须长期坚持的一项大政策。它符合经济发展客观规律的要求，是社会主义优越性在经济上的重要体现。”

集中力量办大事。1982 年，邓小平在同国家计委负责人谈话讨论关于建设时间与计划市场关系问题时深刻指出，社会主义与资本主义相比较的优越性就在于“能做到全国一盘棋，集中力量，保证重点”。随着改革的不断深入，党对社会主义制度优越性的阐释也愈发明确。1987 年，邓小平针对这一问题谈道，社会主义制度下的民主集中制“更利于团结人民，比西方的民主好得多”。1997 年，江泽民在三峡工程大江截流仪式上就提道：“多少代中国人开发和利用三峡资源的梦想，今日正在变为现实。这再次生动地说明，社会主义制度具有能够集中力量办大事的优越性。”1999 年，在全国技术创新大会上，江泽民再次强调：“社会主义制度能够集中力量办大事这个政治优势，应该继续坚持并充分加以运用和发挥。”2008 年，在汶川特大地震灾害发生后，胡锦涛强调：“抗震救灾斗争再一次证明，社会主义中国具有强大发展活力。这场抗震救灾斗争充分显示了我国社会主义制度能够集中力量办大事的政治优势。”

实行民主集中制。中国共产党高度重视民主集中制对党和国家政治生活与社会主义制度的重要意义。1987 年，邓小平在阐述社会主义制度优越性问题时指出：“民主集中制也是我们的优越性。这种制度更利于团结人民，比西方的民主好得多。我们做某一项决定，可以立即实施。”在改革开放实践中，民主集中制作为根本组织原则与活动原则在国家政治生活中得到了充分贯彻，在理论和实践上得到了极大丰富。1997 年，江泽民在党的十五大报告中提出：“在马克思主义指导下按照民主集中制组成统一的整体，为实现共同的目标而奋斗，这是巨大的组织优势。在改革开放和发展社会主义市场经济的条件下，民主集中制不仅不能削弱，而且必须完善和发展。”

中国特色社会主义制度的优势在改革开放的实践中得到了充分彰显。2011 年，胡锦涛在庆祝中国共产党成立 90 周年大会上首次提出了“中国特色社会主义制度”的概念，提出中国特色社会主义制度的五个优势，即“有利于保持党和国家活力、调动广大人民群众和社会各方面的积极性、主动性、创造性，有利于解放和发展社会生产力、推动经济社会全面发展，有利于维护和促进社会公平正义、实现全体人民共同富裕，有利于集中力量办大事、有效应对前进道路上的各种风险挑战，有利于维护民族团结、社会稳定、国家统一”。这是改革开放以来中国共产党对制度优势首次进行比较系统的阐释。

党的十八大将制度建设摆在突出的位置，强调要“充分发挥我国社会主义政治制度优越性，积极借鉴人类政治文明有益成果，绝不照搬西方政治制度模式”。中国特色社会主义进入新时代，党对中国特色社会主义制度的认识更加深化，逐渐形成系统化、理论化的制度优势阐释。

2012 年，习近平总书记在主持十八届中央政治局第一次集体学习时指出：“中国特色社会主义制度，坚持把根本政治制度、基本政治制度同基本经济制度以及各方面体制机制等具体制度有机结合起来，坚持把国家层面民主制度同基层民主制度有机结合起来，坚持把党的领导、人民当家作主、依法治国有机结合起来，符合我国国情，集中体现了中国特色社会主义的特点和优势，是中国发展进步的根本制度保障。”三个“结合”的优势表述是在以往制度优势表述基础上的总结与凝练，为新时代的制度优势凝练表述奠定了基础。

2014 年，习近平总书记在庆祝全国人民代表大会成立 60 周年大会上发表讲话，从四个方面概括了中国特色社会主义制度的优势，即“能够有效保证人民享有更加广泛、更加充实的权利和自由，保证人民广泛参加国家治理和社会治理”，“能够有效调节国家政治关系，发展充满活力的政党关系、民族关系、宗教关系、阶层关系、海内外同胞关系，增强民族凝聚力，形成安定团结的政治局面”，“能够集中力量办大事，有效促进社会生产力解放和发展，促进现代化建设各项事业，促进人民生活质量和水平不断提高”，“能够有效维护国家独立自主，有力维护国家主权、安全、发展利益，维护中国人民和中华民族的福祉”。

2017 年，习近平总书记在党的十九大报告中指出，“中国特色社会主义最本质的特征是中国共产党领导，中国特色社会主义制度的最大优势是中国共产党领导”，论述了党的领导与中国特色社会主义制度的关系。2019 年 9 月，中共中央政治局就“新中国国家制度和法律制度的形成和发展”举行第十七次集体学习时，习近平总书记又从“坚持党的领导”“保证人民当家作主”“坚持全面依法治国”“实行民主集中制”四个方面集中阐述了中国特色社会主义制度的优势。这一次集中阐释为党的十九届四中全会系统阐释中国特色社会主义制度优势奠定了重要基础。

2019 年，党的十九届四中全会通过的《决定》从十三个方面系统总结了我国国家制度和国家治理体系的显著优势，在“坚持党的集中统一领导”“坚持人民当家作主”“坚持全面依法治国”“集中力量办大事”“坚持各民族一律平等”“不断解放和发展社会生产力”“走共同富裕道路”等以往制度优势阐释进一步拓展完善的基础上，还增加了“坚持公有制为主体、多种所有制经济共同发展和按劳分配为主体、多种分配方式并存，把社会主义制度和市场经济有机结合起来，不断解放和发展社会生产力”“坚持共同的理想信念、价值理念、道德观念，弘扬中华优秀传统文化、革命文化、社会主义先进文化，促进全体人民在思想上精神上紧紧团结在一起”“坚持改革创新、与时俱进，善于自我完善、自我发展，使社会始终充满生机活力”“坚持德才兼备、选贤任能，聚天下英才而用之，培养造就更多更优秀人才”“坚持党指挥枪，确保人民军队绝对忠诚于党和人民，有力保障国家主权、安全、发展利益”“坚持‘一国两制’，保持香港、澳门长期繁荣稳定，促进祖国和平统一”“坚持独立自主和对外开放相统一，积极参与全球治理，为构建人类命运共同体不断作出贡献”等多个方面的制度优势阐释。这是新中国成立以来中国共产党对中国特色社会主义制度优势的系统总结与概括。

制度优势是一个国家的最大优势。纵观新中国 70 多年的发展历程，在中国共产党领导下建立和完善的这一套制度体系是“中国之治”的“制度密码”。中国特色社会主义制度优势是我们党领导人民创造经济快速发展和社会长期稳定“两大奇迹”的根本保障。中国共产党对中国特色社会主义制度优势的认识既以唯物史观为基础，遵循客观历史发展规律，又以社会主义基本价值为准则，同时也注重国际比较，并随着实践的发展和展开而不断深化。

二、中国特色社会主义制度的显著优势

党的十九届四中全会通过的《决定》，从十三个方面系统总结了我国国家制度和国家治理体系的显著优势，涉及党的领导和经济、政治、文化、社会、生态文明、军事、外事等各个领域和方面的制度。这些显著优势，为政治稳定、经济发展、文化繁荣、民族团结、人民幸福、社会安定、国家统一提供了有力保障，是我们坚定中国特色社会主义道路自信、理论自信、制度自信、文化自信的基本依据。这些显著优势中最重要的有

以下几个方面：

坚持党的集中统一领导。党的十九届四中全会在总结我国国家制度和国家治理体系的显著优势时，把“坚持党的集中统一领导”放在首位，提出“坚持党的集中统一领导，坚持党的科学理论，保持政治稳定，确保国家始终沿着社会主义方向前进的显著优势”。集中统一领导是党的领导的题中应有之义，也就是由党的领导核心和领导集体在集中正确意见的基础上做出统一谋划，再通过党的各级组织转变为全党统一认识、统一行动的领导模式。

只有坚持党的集中统一领导，才能确保中国特色社会主义正确方向。深入了解中国近现代史，就会发现一个规律，就是如果没有党的集中统一领导，我们的国家、我们的民族不可能取得今天的成就，也不可能具有今天的国际地位。习近平总书记指出：“中国有了中国共产党执政，是中国、中国人民、中华民族的一大幸事。”“没有中国共产党，哪有社会主义中国？哪有中国特色社会主义？哪有中华民族伟大复兴？”党的领导直接决定和体现中国特色社会主义的性质和方向。中国特色社会主义是社会主义，不是别的什么主义。究其根本，在于中国共产党的领导。习近平总书记指出：“中国最大的国情就是中国共产党的领导。什么是中国特色？这就是中国特色。”如果没有党的领导，就谈不上中国特色社会主义。

只有坚持党的集中统一领导，才能有效发挥中国特色社会主义制度多方面的优势。中国特色社会主义制度具有多方面的显著优势，其中，坚持党的集中统一领导是第一位的，它与其他方面的制度优势之间是统领与被统领的关系。一方面，党的集中统一领导贯穿于其他方面的制度优势中；另一方面，党的集中统一领导是其他方面制度优势存在和发挥作用的根本保证。新中国成立以来，尤其是改革开放以来，正是在党的集中统一领导下，中国特色社会主义制度的显著优势才得以生动体现和有效发挥，极大激发了广大人民群众的积极性、主动性和创造性，创造了世所罕见、彪炳史册的社会长期稳定和经济快速发展的奇迹，也有力回击和驳斥了各类对中国特色社会主义制度的质疑，证明了中国特色社会主义制度的科学性，推动中国特色社会主义现代化事业稳步向前，为其他国家的现代化之路提供了经验，贡献了中国智慧和中国方案。

【历史回声】

实现“十四五”规划和二〇三五年远景目标，必须坚持党的全面领导，充分调动一切积极因素，广泛团结一切可以团结的力量，形成推动发展的强大合力。要加强党中央集中统一领导，推进社会主义政治建设，健全规划制定和落实机制。

——中国共产党第十九届中央委员会第五次全体会议公报

只有坚持党的集中统一领导，才能确保中国特色社会主义建设取得胜利。马克思深刻指出：“为保证社会革命获得胜利和实现革命的最高目标——消灭阶级，无产阶级这样组织成为政党是必要的。”列宁在领导俄国革命和苏联社会主义实践中，坚持把无产阶级政党领导作为“社会主义胜利的唯一保证”，指出“国家政权的一切政治经济工作都由工人阶级觉悟的先锋队共产党领导”。中国共产党是中国特色社会主义事业的领导核心，离开党的领导一切都无从谈起。习近平总书记指出：“没有共产党，就没有新中国，就没有新中国的繁荣富强。坚持中国共产党这一坚强领导核心，是中华民族的命运所系。”正是因为始终坚持党的集中统一领导，我们才能实现伟大历史转折，开启改革开放新时期和中华民族伟大复兴新征程，才能成功应对一系列重大风险挑战、克服无数艰难险阻，才能有力应变局、平风波、战洪水、防疫情、抗地震、化危机。

党的领导制度是我国的根本领导制度，是发挥党的集中统一领导优势的根本保障。党的十九届四中全会提出，坚持和完善党的领导制度体系，把党的集中统一领导落实到国家治理各领域各方面各环节，主要是建立和完善“六大制度”，也就是不忘初心、牢记使命的制度，坚定维护党中央权威和集中统一领导的各项制度，党的全面领导制度，为人民执政、靠人民执政各项制度，党的执政能力和领导水平制度，全面从严治党制度。“六大制度”具有鲜明的政治性、时代性、创新性和针对性，对顺利推进新时代中国特色社会主义各项事业，更好发挥党的领导这一最大优势，担负好进行伟大斗争、建设伟大工程、推进伟大事业、实现伟大梦想的重任具有重大意义。

依靠人民推动国家发展。我国是工人阶级领导的、以工农联盟为基础的人民民主专政的社会主义国家，国家的一切权力属于人民。党的十九届四中全会提出，坚持人民当家作主，发展人民民主，密切联系群众，紧紧依靠人民推动国家发展的显著优势，突出了人民是国家发展的强大根基，是党执政的最大底气。只有紧紧依靠人民推动国家发展，国家治理才能有牢固的基础和强大的力量。

始终坚持人民当家作主。人民当家作主是社会主义民主政治的本质和核心。人民民主是社会主义的生命。没有民主就没有社会主义，就没有社会主义的现代化，就没有中华民族伟大复兴。我国始终坚持国家一切权力属于人民，坚持人民主体地位，最广泛地动员和组织人民依照宪法和法律规定，通过各级人民代表大会行使国家权力，通过各种途径和形式管理国家和社会事务、管理经济和文化事业，共同建设、共同享有、共同发展，成为国家、社会和自己命运的主人。正如习近平总书记强调的：“我国国家制度深深植根于人民之中，能够有效体现人民意志、保障人民权益、激发人民创造力。”每年的全国两会，是社会主义民主政治的庄严殿堂，民意民智民力在这里汇聚，党的主张、人民的意愿、国家的意志在这里交融。实践充分证明，人民代表大会制度是符合中国国情和实际、体现社会

> 名言金句
>
> 我们国家的名称，我们各级国家机关的名称，都冠以“人民”的称号，这是我们对中国社会主义政权的基本定位。
>
> ——邓小平

主义国家性质、保证人民当家作主、保障实现中华民族伟大复兴的好制度。

人民民主是社会主义的生命，没有人民民主就没有社会主义。习近平总书记说：“我国社会主义民主是维护人民根本利益的最广泛、最真实、最管用的民主。”在谈到协商民主时，他指出：“民主不是装饰品，不是用来做摆设的，而是要用来解决人民要解决的问题的。”“社会主义协商民主应该是实实在在的、而不是做样子的，应该是全方位的、而不是局限在某个方面的，应该是全国上上下下都要做的、而不是局限在某一级的。”“协商就要真协商，真协商就要协商于决策之前和决策之中……从制度上保障协商成果落地，使我们的决策和工作更好顺乎民意、合乎实际。”同时，习近平总书记强调，人民民主是一种全过程的民主，所有的重大立法决策都是依照程序、经过民主酝酿，通过科学决策、民主决策产生的。执政党自觉接受人民监督，人民依法行使监督权利，这是发展人民民主的重要内容。习近平总书记特别强调人民监督的重点是监督领导干部使用权力，监督他们依照法律规定的权限和程序行使权力，防止公权私用、权力腐败。

密切联系群众对凝聚人心形成合力、发挥群众智慧也起到了重要作用。特别是能够凝聚广大人民群众的智慧、汇聚广大人民群众的力量、赢得广大人民群众的支持和拥护。无数事实说明：只有把广大人民群众宣传起来，才能形成统一的思想和意志；只有把广大人民群众动员起来，才能发挥出无坚不摧的威力和战斗力。国家各项工作都要贯彻党的群众路线，密切同人民群众的联系，倾听人民呼声，回应人民期待，不断解决好人民最关心最直接最现实的利益问题，凝聚起最广大人民的智慧和力量。

党的十九届四中全会指出，必须坚持人民主体地位，坚定不移走中国特色社会主义政治发展道路，健全民主制度，丰富民主形式，拓宽民主渠道，依法实行民主选举、民主协商、民主决策、民主管理、民主监督，使各方面制度和国家治理更好体现人民意志、保障人民权益、激发人民创造，确保人民依法通过各种途径和形式管理国家事务，管理经济文化事业，管理社会事务。

集中力量办大事。坚持全国一盘棋，调动各方面积极性，集中力量办大事是中国特色社会主义制度的又一显著优势。习近平总书记指出：“我们最大的优势是我国社会主义制度能够集中力量办大事。这是我们成就事业的重要法宝。”新中国成立 70 多年来，随着我国国家制度和国家治理体系不断完善和发展，集中力量办大事的显著优势日益彰显。

集中力量办大事的优势具有深厚的传统文化根基。习近平总书记指出：“各国国情不同，每个国家的政治制度都是独特的，都是由这个国家的人民决定的，都是在这个国家历史传承、文化传统、经济社会发展的基础上长期发展、渐进改进、内生性演化的结果。中国特色社会主义政治制度之所以行得通、有生命力、有效率，就是因为它是从中国的社会土壤中生长起来的。中国特色社会主义政治制度过去和现在一直生长在中国的社会土壤之中，未来要继续茁壮成长，也必须深深扎根于中国的社会土壤。”集中力量办大事的制度优势具有深厚的传统文化根基。比如，中华民族自古就形成的大一统的文化共识、“众寡同力，则战可以必胜，而守可以必固”、“讲仁爱、尚和合、求大同”等，都蕴含着集中力量、团结互助的精神。

集中力量办大事的显著优势是由党的性质、宗旨决定的。中国共产党作为中国工人阶级的先锋队，同时是中国人民和中华民族的先锋队，始终代表中国最广大人民的根本利益，能够正确处理好利益多样化与根本利益的关系、局部利益与全局利益的关系、眼前利益与长远利益的关系、群众利益与领导干部个人利益的关系等，并能在统筹兼顾各种利益关系中做出战略部署，做到全国一盘棋，调动各方面积极性；同时党的性质也决定了集中力量办大事与实现好维护好发展好人民群众的根本利益高度一致。比如，就脱贫攻坚战而言，从 2012 年底到 2019 年底，我国贫困人口累计减少 9 348 万，2020 年，全面打赢脱贫攻坚战，现行标准下的农村贫困人口全部脱贫。这无疑是我们集中力量办成的与人民群众利益息息相关的大事，具有重要历史意义。习近平总书记指出："正是因为始终在党的领导下，集中力量办大事，国家统一有效组织各项事业、开展各项工作，才能成功应对一系列重大风险挑战、克服无数艰难险阻，始终沿着正确方向稳步前进。"

人民代表大会制度、中国共产党领导的多党合作和政治协商制度、民族区域自治制度以及基层群众自治制度等，既充分尊重和保障个人民主权利，又能最大限度地把广大人民群众调动起来，形成共同意志，集中力量办大事，从而形成国家权威和个人自由有机统一的局面。习近平总书记在庆祝全国人民代表大会成立 60 周年大会上指出，这样一套制度安排，能够有效保证人民享有更加广泛、更加充实的权利和自由，保证人民广泛参加国家治理和社会治理……能够集中力量办大事，有效促进社会生产力解放和发展，促进现代化建设各项事业，促进人民生活质量和水平不断提高。新中国成立后第一个五年计划中的 156 个重大项目建设、"两弹一星"的发射等，与集中力量办大事这一社会主义制度优势密切相关。改革开放 40 多年来，我国经济社会取得的一系列重大成就，也与发挥这一社会主义制度优势密切相关。习近平总书记在全国抗击新冠肺炎疫情表彰大会上强调："抗疫斗争伟大实践再次证明，中国特色社会主义制度所具有的显著优势，是抵御风险挑战、提高国家治理效能的根本保证。衡量一个国家的制度是否成功、是否优越，一个重要方面就是看其在重大风险挑战面前，能不能号令四面、组织八方共同应对。我国社会主义制度具有非凡的组织动员能力、统筹协调能力、贯彻执行能力，能够充分发挥集中力量办大事、办难事、办急事的独特优势，这次抗疫斗争有力彰显了我国国家制度和国家治理体系的优越性。”

名言金句

我们举全国之力实施规模空前的生命大救援，用10多天时间先后建成火神山医院和雷神山医院、大规模改建16座方舱医院、迅速开辟600多个集中隔离点，19个省区市对口帮扶除武汉以外的16个市州，最优秀的人员、最急需的资源、最先进的设备千里驰援，在最短时间内实现了医疗资源和物资供应从紧缺向动态平衡的跨越式提升。各行各业扛起责任，国有企业、公立医院勇挑重担，460多万个基层党组织冲锋陷阵，400多万名社区工作者在全国65万个城乡社区日夜值守，各类民营企业、民办医院、慈善机构、养老院、福利院等积极出力，广大党员、干部带头拼搏，人民解放军指战员、武警部队官兵、公安民警奋勇当先，广大科研人员奋力攻关，数百万快递员冒疫奔忙，180万名环卫工人起早贪黑，新闻工作者深入一线，千千万万志愿者和普通人默默奉献……

——习近平

不断解放和发展生产力。中国特色社会主义制度是在克服苏联模式弊端的前提下确立的。相对于苏联社会主义经济制度，我国实行公有制为主体、多种所有制经济共同发展，按劳分配为主体、多种分配方式并存，社会主义市场经济体制等社会主义基本经济制度，既体现了社会主义制度的优越性，又同我国社会主义初级阶段社会生产力发展水平相适应，能够不断解放和发展生产力。这是中国特色社会主义制度的显著优势之一。

公有制为主体、多种所有制经济共同发展，适应社会主义初级阶段的社会生产力性质，充分利用了全社会的资源，实现了全社会经济活力

【学界观点】

世界卫生组织总干事谭德塞表示："中方行动速度之快、规模之大，世所罕见，这是中国的制度优势，有关经验值得其他国家借鉴。"

的最大化。以公有制为主体，发挥国有经济主导作用，不断增强国有经济活力、控制力、影响力，不仅保证了我国高水平公共产品的提供，满足人民美好生活需求，也保证了在前瞻性领域国家投入的导向作用，为壮大国家综合实力、保障人民共同利益打下了坚实基础。这保证了社会主义发展方向，对发展中的大国来说，至关重要。在一般竞争性领域，则有大量民营企业、外资企业通过市场竞争形成分工协作关系，保证了经济的活力和创新能力。

按劳分配为主体、多种分配方式并存，符合我国社会生产力发展水平，既能够激发创造活力，又可以守住公平底线。按劳分配是社会主义分配原则，体现了社会主义本质要求，有利于消除两极分化，实现共同富裕。同时在社会主义初级阶段，知识、技术、管理、数据等生产要素发挥的作用越来越大，要让生产要素的活力竞相迸发，就要实现各种生产要素参与收入分配，这样才能充分利用各种要素资源，提高资源配置的效率。当前要完善分配制度，就要提高劳动报酬在初次分配中的比重，健全劳动、资本、土地、知识等生产要素分配机制，完善以税收、社会保障、转移支付等为主要手段的再分配调节机制，增加低收入者收入，扩大中等收入群体，调节过高收入，促进收入分配更合理、更有序，让改革发展成果更多更公平惠及全体人民，朝着实现全体人民共同富裕不断迈进。

社会主义制度和市场经济有机结合，既充分发挥市场在资源配置中的决定性作用，又更好发挥政府作用，极大解放和发展了社会生产力。市场经济作为一种资源配置方式，与资本主义制度相结合，形成资本主义市场经济；与社会主义制度相结合，形成社会主义市场经济。社会主义市场经济既让市场在经济配置中起决定性作用，又更好发挥政府作用，实现了有效市场与有为政府的结合。正如习近平总书记指出的：“我们要坚持辩证法、两点论，继续在社会主义基本制度与市场经济的结合上下功夫，把两方面优势都发挥好，既要‘有效的市场’，也要‘有为的政府’，努力在实践中破解这道经济学上的世界性难题。”

中国特色社会主义基本经济制度最大限度地容纳和释放了各种有利于生产力发展的积极因素，激发了社会创造力和活力，促进了生产力快速发展。当前我国主要农产品和工业品产量已位居世界第一，具有世界先进水平的重大科技创新成果不断涌现，高新技术产业蓬勃发展，水利、能源、交通、通信等基础设施建设取得突破性进展，生态文明建设不断推进，城乡面貌焕然一新。据国家统计局《中华人民共和国 2019 年国民经济和社

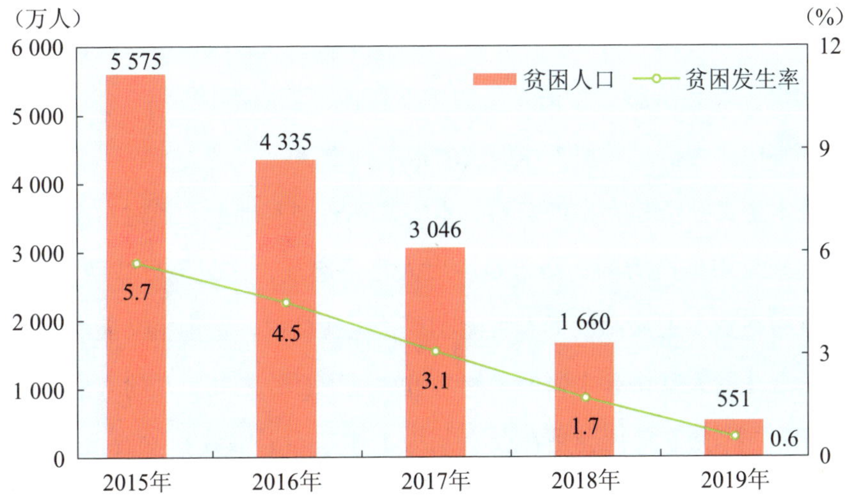

2015—2019 年全国农村贫困人口和贫困发生率

资料来源：《中华人民共和国 2019 年国民经济和社会发展统计公报》。

会发展统计公报》，2019 年国内生产总值 990 865 亿元，人均国内生产总值达到 70 892 元。党的十九届五中全会在总结全面建成小康社会成就时指出，“经济实力、科技实力、综合国力跃上新的大台阶，经济运行总体平稳，经济结构持续优化，预计二〇二〇年国内生产总值突破一百万亿元；脱贫攻坚成果举世瞩目，五千五百七十五万农村贫困人口实现脱贫”。

走共同富裕道路。共同富裕是社会主义的本质要求，是人民群众的共同期盼，是我们党矢志不渝的奋斗目标。我们推动经济社会发展，归根结底是要实现全体人民共同富裕。党的十九届四中全会提出中国特色社会主义制度具有坚持以人民为中心的发展思想，不断保障和改善民生、增进人民福祉，走共同富裕道路的显著优势。

习近平总书记指出：“为什么人的问题，是检验一个政党、一个政权性质的试金石。”坚持以人民为中心，是新时代坚持和发展中国特色社会主义的根本立场，深刻体现出我国国家制度和国家治理体系的本质属性。中国共产党始终把实现好、维护好、发展好最广大人民根本利益作为一切工作的出发点和落脚点，把人民拥护不拥护、赞成不赞成、高兴不高兴、答应不答应作为衡量一切工作得失的根本标准。

资本主义社会是在生产资料资本主义私有制基础上，通过对工人劳动的剥削来发展生产力的，结果是少数人富裕起来，这只能导致两极分化。共同富裕在资本主义制度下不可能实现，也就是说，资本主义能够“使中国百分之几的人富裕起来，但是绝对解决不了百分之九十几的人生活富裕的问题”。社会主义社会是在公有制为主体基础上解放和发展生产力的，其目的是满足人民群众的各种需求，逐步消除两极分化，最终达到共同富裕。邓小平把共同富裕看作社会主义的根本目标及原则、改革开放成败的重要标准、社会主义优越性的具体体现以及区别于资本主义和其他剥削制度的本质特征。邓小平提出：“社会主义财富属于人民，社会主义的致富是全民共同致富。”

> **名言金句**
>
> 由社会全体成员组成的共同联合体来共同地和有计划地利用生产力；把生产发展到能够满足所有人的需要的规模；结束牺牲一些人的利益来满足另一些人的需要的状况；彻底消灭阶级和阶级对立；通过消除旧的分工，通过产业教育、变换工种、所有人共同享受大家创造出来的福利，通过城乡的融合，使社会全体成员的才能得到全面发展；——这就是废除私有制的主要结果。
>
> ——恩格斯

新中国成立以来，特别是改革开放以来，我们党团结带领人民向着实现共同富裕的目标不懈努力，人民生活水平不断提高。党的十八大以来，我们把脱贫攻坚作为重中之重，使现行标准下农村贫困人口全部脱贫，就是促进全体人民共同富裕的一项重大举措。当前，我国发展不平衡不充分问题仍然突出，城乡区域发展和收入分配差距较大，促进全体人民共同富裕是一项长期任务，但随着我国全面建成小康社会、开启全面建设社会主义现代化国家新征程，我们必须把促进全体人民共同富裕摆在更加重要的位置，脚踏实地，久久为功，向着这个目标更加积极有为地进行努力。

党的十九届五中全会提出，到2035年基本实现社会主义现代化远景目标时，“全体人民共同富裕取得更为明显的实质性进展”，在改善人民生活品质部分突出强调了“扎实推动共同富裕”，提出了一些重要要求和重大举措。这样的表述，在党的全会文件中还是第一次，既指明了前进方向和奋斗目标，又实事求是，符合发展规律，兼顾了需要和可能，有利于在工作中积极稳妥把握，在促进全体人民共同富裕的道路上不断向前迈进。

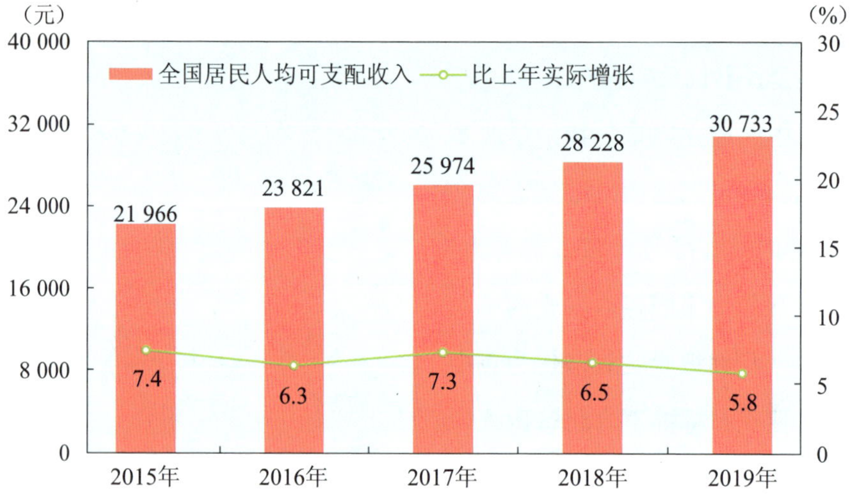

2015—2019 年全国居民人均可支配收入及其增长速度

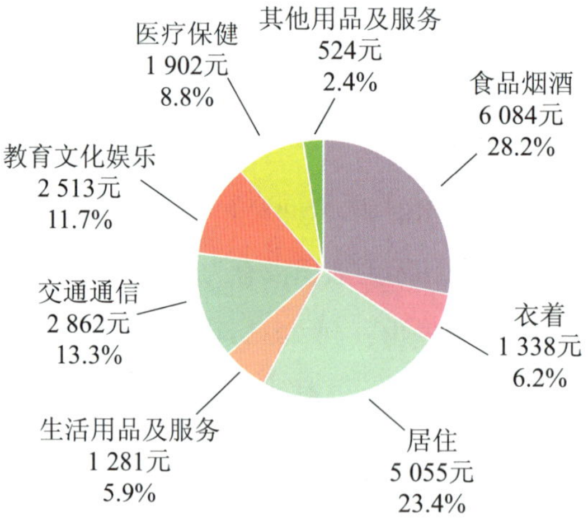

2019 年全国居民人均消费支出及其构成

资料来源：《中华人民共和国 2019 年国民经济和社会发展统计公报》。

06

第六章 “千磨万击还坚劲，任尔东西南北风”

——中国特色社会主义制度自信的底气在哪里

早在60多年前，毛泽东就指出：“我们有充分的信心，克服一切艰难困苦，将我国建设成为一个伟大的社会主义共和国。”表达了对社会主义制度的坚定信心。邓小平也曾指出：“我们的制度将一天天完善起来，它将吸收我们可以从世界各国吸收的进步因素，成为世界上最好的制度。”经过70多年的奋斗，尤其是改革开放40多年的奋斗，党和人民对中国特色社会主义制度有了更充分的自信和信心。习近平总书记指出：“随着中国特色社会主义不断发展，我们的制度必将越来越成熟，我国社会主义制度的优越性必将进一步显现，我们的道路必将越走越宽广。我们就是要有这样的道路自信、理论自信、制度自信，真正做到‘千磨万击还坚劲，任尔东西南北风’。”这样的底气到底来自哪里？

> **名言金句**
>
> 全党要更加自觉地增强道路自信、理论自信、制度自信、文化自信，既不走封闭僵化的老路，也不走改旗易帜的邪路，保持政治定力，坚持实干兴邦，始终坚持和发展中国特色社会主义。
>
> ——习近平

一、当代中国发展进步的根本保障

中国特色社会主义制度符合中国国情和时代特征，体现了中国特色社会主义的显著优势、鲜明特色和巨大魅力，是当代中国发展进步的根本保障。

中国特色社会主义制度符合中国实际，体现了中国进步和发展的要求，推动了中国社会进步和发展，成为富有中国特色的制度体系。以政治制度为例，民主政治作为一种上层建筑，从来都是历史的、具体的。国情不同、历史环境不同，民主方式就会有所差异。世界上没有抽象的民主政治，也没有完全相同的政治模式。如果中国政治体制改革没有自己的坚持，而是亦步亦趋地紧跟西方，中国现在就有可能出大问题。近年来西亚、北非一些国家危机频发，造成悲剧性后果的根本原因就在于这些国家不顾本国实际情况，一味地把“西式民主”嫁接到自己的国家，从而出现严重的水土不服。乌克兰危机的发生，更是这一嫁接制度的集中体现。有学者指出：“今天，我们之所以要唱响中国，是为了以事实和分析告诉自己的人民，60多年来中国经历了什么，创造了什么，收获了什么，坚定我们人民的道路自信、理论自信和制度自信，激发和增强追求中国梦的正能量。我们之所以要唱响中国，也是向世界表明，中国人通过自己的努力，以自己的方式，从另外的起点和路径，同样走近了世界文明的制高点。”

知识点

乌克兰危机是由2013年底乌克兰亲俄派总统亚努科维奇中止和欧洲联盟签署政治和自由贸易的联系国协议，欲强化和俄罗斯的关系导致的。但其最根本原因还是国内民众在“向东走”还是“向西走”问题上的深度对立。这一根本矛盾没有化解，乌克兰局势升级的土壤就始终存在。

2013年11月22日，乌克兰亲欧洲派在基辅发起反政府示威，抗议群众要求政府和欧盟签署协议、亚努科维奇下台、提前举行选举。2014年2月22日，亚努科维奇被议会罢免总统职务，并宣布提前于同年5月25日举行总统大选。随后爆发2014年克里米亚危机及顿巴斯战争，乌克兰局势岌岌可危。3月11日，乌克兰克里米亚自治共和国议会通过了独立宣言。4月7日，乌克兰顿涅茨克亲俄者宣布“独立拟公投入俄”。4月30日，图尔奇诺夫宣布，乌克兰武装力量进入全面战备状态，决定征兵。5月12日，乌克兰东部顿涅茨克州和卢甘斯克州宣布成立独立“主权国家”——顿涅茨克人民共和国和卢甘斯克人民共和国。5月25日，乌克兰举行总统选举。

【学界观点】

进入21世纪以来，自诩为普遍适用的西式民主再次受到重挫，西式民主的内在缺陷所引起的周期性制度危机，成为西方政治发展难以解决的一个痼疾。

少数人的民主。西式民主在本质上是以资产阶级私有制为经济基础的政治上层建筑，以维护资产阶级统治和总体利益为宗旨，反映的是垄断集团的利益，是少数人的民主。在观念表达上，它以“全民”的形式掩盖资产阶级利益的实质；在政治法律上，它把经济上的事实上的不平等虚幻地表现为平等。

低效的民主。在国家治理上，西式民主用权力分置的原则维护资产阶级的总体利益，不仅没有克服由资本主义生产方式内在矛盾引发的危机，而且各利益集团争夺导致的纠纷加剧了这种危机。然而，在西方国家搞的对外民主输出中，这种低效的民主却几乎被视为样板，不少发展中国家仓促按照分权、制衡民主理论设计政治制度，国家陷入一盘散沙。

——苏长和（复旦大学国际关系与公共事务学院教授）

中国特色社会主义制度创造了人类进步史上的发展奇迹，从根本上改变了中国人民和中华民族的前途命运，开启了中华民族不断发展壮大、走向伟大复兴的历史进程，使具有5 000多年文明历史的中华民族以崭新的姿态屹立于世界民族之林。

新中国成立时，可谓满目疮痍，百业待兴，整个经济基本处于瘫痪状态。工业整体上处于手工作业状况，根本谈不上工业体系，工业产品少得可怜；农业还停留在手工耕作、靠天吃饭的水平上；交通运输工具落后，畜力车和木帆船等民间运输工具仍然大量使用；邮电通信技术装备非常落后，电话电报多用手工方式操作，有一半左右的县没有自动电话，约有 1/3 的县不通电报和长途电话，广大内陆普遍处于十分闭塞的状态；市场上商品严重匮乏，加上物价暴涨，大多数人民的温饱问题还没有解决。

改革开放以来，我国城乡居民拥有的财富呈现快速增长趋势。我国国内生产总值由 1978 年的 3 679 亿元增长到 2019 年的 99.09 万亿元（见图 6-1），占世界生产总值的比重不断提升。我国主要农产品产量跃居世界前列，建立了全世界最完整的现代工业体系，科技创新和重大工程捷报频传。我国基础设施建设成就显著，信息畅通，公路成网，铁路密布，高坝矗立，西气东输，南水北调，高铁飞驰，巨轮远航，飞机翱翔，天堑变通途。现在，我国是世界第二大经济体、制造业第一大国、货物贸易第一大国、商品消费第二大国、外资流入第二大国，我国外汇储备连续多年位居世界第一，中国人民在富起来、强起来的征程上迈出了决定性的步伐。

全国居民人均可支配收入由 1978 年的 171 元增加到 2019 年的 30 733 元（见图 6-2），极大地提高了人民幸福感。脱贫工作取得巨大进展，2019 年末全国农村贫困人口 551 万。教育事业全面发展，2019 年全国九年义务教育巩固率达 94.8%。医疗卫生保障不断完善，2019 年我国基本医疗保险参保覆盖面稳定在 95% 以上，基本医疗保险参保人数达 13.5 亿。城镇人口规模不断扩大，2019 年末我国城镇常住人口达到 84 843 万，常住人口城镇化率首次超过 60%。我国社会大局保持长期稳定，成为世界上最有安全感的国家之一。粮票、布票、肉票、鱼票、油票、豆腐票、副食本、工业券等百姓生活曾经离不开的票证已经进入了历史博物馆，忍饥挨饿、缺吃少穿、生活困顿这些几千年来困扰我国人民的问题总体上一去不复返。

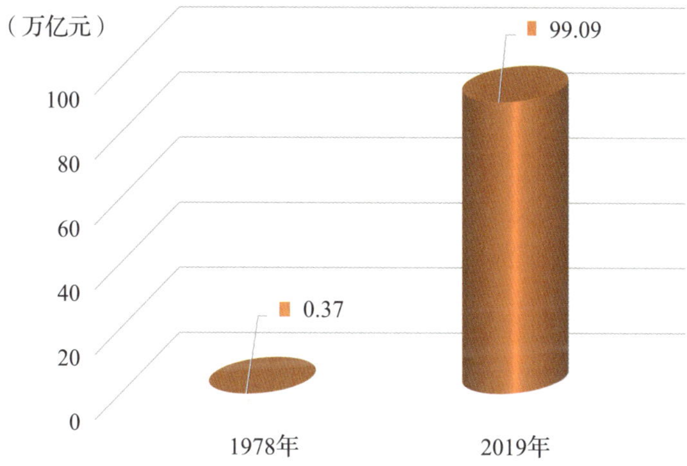

图 6-1 1978 年和 2019 年我国国内生产总值

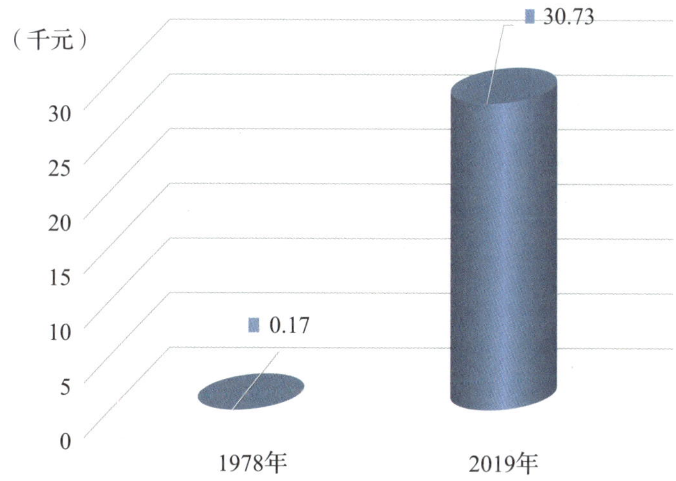

图 6-2 1978 年和 2019 年全国居民人均可支配收入

改革开放以来，我国城镇居民和农村居民的家庭恩格尔系数虽然在部分年份有所反弹，但总体看呈现逐步下降趋势（见表 6-1）。

表 6-1　　1978—2019 年我国城乡居民家庭恩格尔系数　　(%)

年份	城镇	农村
1978	57.5	67.7
2001	38.2	47.7
2005	36.7	45.5
2009	36.5	41.0
2013	35.0	37.3
2017	28.6	31.2
2018	27.7	30.1
2019	27.6	30.0

知识点

恩格尔系数是国际上通用的衡量居民生活水平高低的一项重要指标，一般随居民家庭收入和生活水平的提高而下降。

联合国根据恩格尔系数的大小，对世界各国的生活水平有一个划分标准，即一个国家平均家庭恩格尔系数大于 60% 为贫穷，50% ～ 60% 为温饱，40% ～ 50% 为小康，30% ～ 40% 属于相对富裕，20% ～ 30% 为富足，20% 以下为极其富裕。

中国的国际地位和国际影响力不断提高。中国经济已经成为世界经济不可缺少的重要组成部分，多年来对世界经济增长贡献率超过 30%。2008 年中国国内生产总值超过德国，居世界第三位；2010 年超过日本，居世界第二位，成为仅次于美国的世界第二大经济体。同时，中国与美国的差距逐步缩小。随着经济地位的提升，中国的政治地位也逐步提高。中国没有受制于西方，不断摸索自己的道路，逐步形成了自己的政治发展模式。这种政治发展模式被越来越多的发展中国家认同和接受。从中国的亚洲邻国，到非洲乃至拉丁美洲，世界各个角落都能感受到中国的影响力。

二、党的领导和人民群众的大力支持

党的领导和广大人民群众的大力支持是中国特色社会主义制度自信的

重要来源。党的领导是中国特色社会主义最本质的特征，也是中国特色社会主义制度的最大优势，是实现经济社会持续健康发展的根本政治保证。从这个意义上看，对中国特色社会主义制度的自信也是对中国共产党的自信。人民群众是历史真正的创造者、推动者，历史上的活动和思想都是“群众”的思想和活动。对中国特色社会主义制度的自信从根本上看就是人民群众对中国特色社会主义制度的自信。

中国特色社会主义制度自信来源于中国共产党的领导。没有共产党就没有新中国，就没有社会主义，不仅是一种意识形态话语和政治宣示，也是社会主义制度在中国发展的真实写照。习近平总书记指出：“没有共产

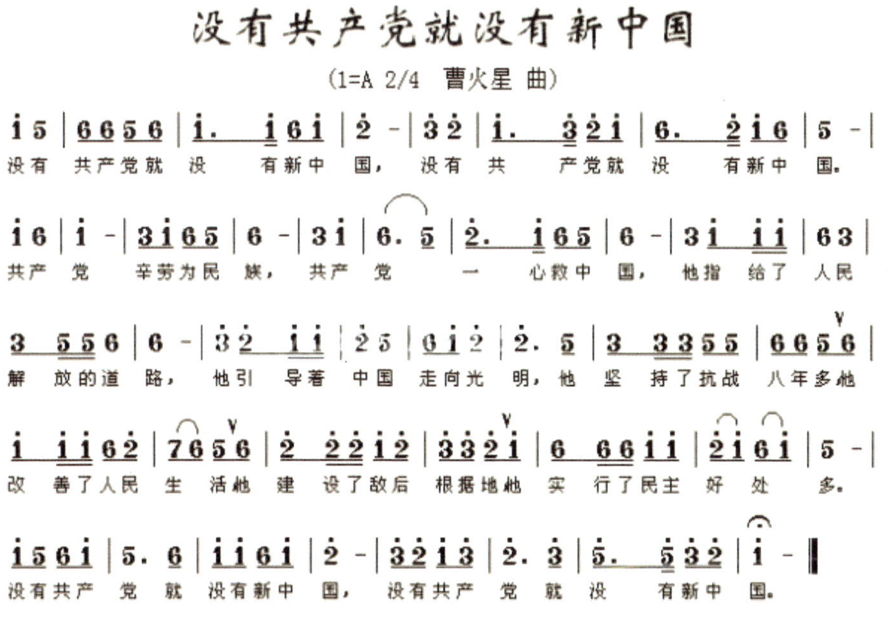

《没有共产党就没有新中国》是1943年由曹火星创作的一首歌曲。这首歌唱出了广大人民群众对中国共产党的衷心拥护和跟党走的坚定信念，唱出了只有中国共产党才能领导中国人民争取国家独立、民族解放、人民幸福的历史必然。这首歌像长了翅膀，从地方唱到部队，从乡村唱到城市，唱遍了晋察冀边区，唱遍了各个抗日根据地。《没有共产党就没有新中国》抒发着广大人民群众对中国共产党、对伟大祖国的无比热爱之情。

党，就没有新中国，就没有新中国的繁荣富强。坚持中国共产党这一坚强领导核心，是中华民族的命运所系。”

中国共产党创造了社会主义制度在中国的实现形式。中国共产党在中国特色社会主义制度形成和发展中体现了两个选择的主导性和自觉性。首先，选择社会主义制度，它符合近代以来制度文明发展的内在逻辑和人类社会发展的总体规律和趋势，为中国社会发展指明了正确方向；其次，选择中国特色社会主义制度，它建立在系统总结国内外社会主义建设经验和教训以及充分把握中国国情、时代特征和世界趋势的基础上，为社会主义制度在中国的实现创造了具体的形式。这两种选择都是中国共产党在中国面临重大历史关头做出的现实选择，实现了社会主义本质规定性和社会主义在中国发展的规定性的有机统一，回应了人民的诉求，体现了中国共产党对中国人民命运的深切关注和对马克思主义与社会主义的深刻认识。

中国共产党起着顶层设计作用，是制度创新的核心推动力量。这种顶层设计表现在对全局性、关键性、根本性的制度发展和创新的直接推动，从而纲举目张，为解决其他问题铺平道路。“文化大革命”结束后，在党和国家面临向何处去的重大历史关头，中国共产党做出把党和国家的工作重点转移到以经济建设为中心，实行改革开放的历史性决策上来。20 世纪 90 年代初期，由于体制机制障碍，改革在某些领域陷入沉闷状态，邓小平高瞻远瞩，把中国改革开放的航船拨向一个新的市场经济体制的航道。1993 年党的十四届三中全会明确提出我国经济体制改革的目标是确立社会主义市场经济体制，并对社会主义市场经济体制的基本框架进行了设计。党的十八大以来我国改革进入“深水区”，党的十八届三中全会强调，要加强顶层设计，从全局性、宏观性制度设计的角度着眼，解决一些事关全局的重大性、根本性和核心性问题，完善和发展中国特色社会主义制度，推进国家治理体系和治理能力现代化。党的十九届四中全会通过的《决定》，全面回答了在我国国家制度和国家治理上，应该“坚持和巩固什么，完善和发展什么”这个重大政治问题，成为新时代坚持和完善中国特色社会主义制度、推进国家治理体系和治理能力现代化的政治宣言和行动纲领，为党带领全国各族人民走向未来、赢得未来构筑了可靠的制度大厦。

中国共产党具有推进制度创新和发展的自觉性。社会主义社会不是一种一成不变的，而应当和任何其他社会制度一样，把它看成是经常变化和改革的一个社会发展过程。从总体上看这种经常变化和改革的过程就是由低级上升到高级的过程。这种过程既是自然的历史过程，又融入了人的主观能动性，尤其是人的建构和设计。虽然当前中国特色社会主义制度发展和完善过程中还存在诸多制约科学发展的制度体制，在一定程度上影响了人们对中国特色社会主义制度的自信，但是中国共产党作为中国特色社会主义的领导核心，没有自己特殊的利益，它始终以中华民族的利益、以人民的利益为自己的利益，因此能够解放思想、实事求是、与时俱进、求真务实，始终具有制度改革和创新的自觉性和彻底性，不断推动各个方面和领域的制度创新和发展。

中国共产党自身也具有强大的和鲜明的独特优势。中国共产党的独特优势体现在理论优势、政治优势、组织优势、制度优势、密切联系群众的优势。理论优势就是坚持马克思

知识点

1978 年 12 月 18 日，中共十一届三中全会在北京召开。这次会议彻底否定了“两个凡是”的方针，重新确立解放思想、实事求是的思想路线；停止使用“以阶级斗争为纲”的口号，做出把党和国家的工作重心转移到经济建设上来、实行改革开放的历史性决策。

1993 年 11 月 11—14 日，中共十四届三中全会在北京举行。全会通过了《中共中央关于建立社会主义市场经济体制若干问题的决定》，把党的十四大确定的经济体制改革的目标和基本原则加以系统化、具体化，是中国建立社会主义市场经济体制的总体规划。

主义中国化并用中国化的理论成果武装全党，独立自主、自力更生地不断开创事业发展新局面；政治优势就是坚持远大理想与具体历史阶段奋斗纲领相统一，始终站在时代前列引领中国社会前进的正确方向；组织优势就是能够集中中国工人阶级和中国人民、中华民族的先进分子，集中全国各个领域中德才兼备的优秀人才，充分发挥出他们在人民群众中的先锋模范作用；制度优势就是坚持按照民主集中制原则建立严密的组织体系和铁的纪律，形成既有民主又有集中基础上的坚强团结统一；密切联系群众的优势就是坚持党的根本宗旨，贯彻党的群众路线，使党的一切工作充分体现人民群众的意志、利益和要求。中国共产党的五大独特优势从理论上、政治上、组织上、制度上和作风上保持和发展了党的先进性和纯洁性，使我们党能够由小到大、由弱到强，团结带领全国各族人民谱写中国革命、建设和改革的壮丽篇章，根本改变中国人民和中华民族的前途和命运，也在一定程度上决定中国特色社会主义制度的显著优势和鲜明特色，成为中国特色社会主义制度自信的重要基础。

【学界观点】

从有历史以来，中国不曾有过这样一个政治集团。它从一个只有几十人的小党，历经磨难，在不长的时间内，发展成为成熟而强有力的马克思主义大党，领导一个东方大国沿着中国特色社会主义道路阔步前进，取得了举世瞩目的成就。这个历史现象绝不是偶然的，有其深层次的内在原因，是由中国共产党的自身性质及其独特优势所决定的。中国共产党是有着远大而坚定不移理想的党，中国共产党是代表全民族根本利益、全心全意为人民服务的党，中国共产党是集中统一的党，中国共产党是富于独创精神、勇于开创新局面的党，中国共产党是具有自我净化、自我提高能力的党。

——逄先知（中共中央文献研究室原主任）

中国特色社会主义制度自信还来源于广大人民群众的大力支持。唯物史观认为，人民群众是历史的创造者和推动者。马克思在《路德维希·费尔巴哈和德国古典哲学的终结》中谈到怎样研究构成历史的真正的最后动力时指出，人们应当注意的，与其说是个别人物、即使是非常杰出的人物的动机，不如说是使广大群众、使整个民族，以及在每一民族中间又使整个阶级行动起来的动机。正是这些广大群众的、整个民族的、整个阶级的行动引起重大历史变迁。

> **名言金句**
>
> 批判的武器当然不能代替武器的批判，物质力量只能用物质力量来摧毁；但是理论一经掌握群众，也会变成物质力量。
>
> ——马克思
>
> 思想本身根本不能实现什么东西。思想要得到实现，就要有使用实践力量的人。
>
> ——马克思、恩格斯

改革开放以来，中国特色社会主义制度始终坚持以人民为中心的基本价值，取得了举世瞩目的成就，得到了最广大人民群众的认同和支持，这成为中国特色社会主义制度自信深层次的根源。正是从这个意义上，邓小平指出，最终的决定权在于人民群众。人民高兴了，我们的制度是不会变的，要变的话，只会变得更好。也正因为如此，中国共产党历来把人民群众满意不满意作为评价制度优劣的重要标准。

群众满意不满意的多元性和发展性决定了制度创新和完善是一个长期的发展过程，是不断根据群众需求的多元和发展而进行制度供给的过程。我们党是全国各族人民利益的忠实代表，党的各项政策方针必须以人民拥护不拥护、赞成不赞成、高兴不高兴、答应不答应作为出发点和归宿。习近平总书记多次强调：“要把促进社会公平正义、增进人民福祉作为一面镜子，审视我们各方面体制机制和政策规定，哪里有不符合促进社会公平正义的问题，哪里就需要改革；哪个领域哪个环节问题突出，哪个领域哪个环节就是改革的重点。对由于制度安排不健全造成的有违公平正义的问题要抓紧解决，使我们的制度安排更好体现社会主义公平正义原则，更加

名言金句

为了为群众服务和代表**他们**正确地意识到的利益，先进队伍即组织必须在群众中开展自己的全部活动，毫无例外地吸收他们中间的一切优秀力量，并且要随时随地仔细客观地检查：是否同群众保持着联系，联系是否密切。这样，也**只有**这样，先进队伍才能教育和启发群众，代表**他们的**利益，教他们组织起来，使群众的**全部**活动沿着自觉的阶级政策的道路前进。

——列宁

力量的来源就是人民群众。不反映人民群众的要求，哪一个人也不行。要在人民群众那里学得知识，制定政策，然后再去教育人民群众。所以要当先生，就得先当学生，没有一个教师不是先当过学生的。而且就是当了教师之后，也还要向人民群众学习，了解自己学生的情况。

——毛泽东

有利于实现好、维护好、发展好最广大人民根本利益。”

以人民为中心始终贯穿中国特色社会主义制度改革和创新过程中，为中国特色社会主义制度改革和创新提供了基本价值遵循，也成为改革开放以来中国特色社会主义制度得到广大人民群众高度认同和大力支持的深层原因。苏联解体的根本原因就在于体制僵化、经济衰退，未能满足人民群众不断增长的物质文化需要，因而失去越来越多民众的支持和拥护。

知识点

苏联解体是指20世纪90年代初苏联共产党失去执政地位及由15个加盟共和国组成的苏维埃社会主义共和国联盟瓦解的事件。苏联解体的原因是政治和经济问题积重难返。

三、深厚的中华优秀传统文化底蕴

文化是产生制度的土壤，缺少文化支撑的制度，设计得再完美也只是纸面上的文字，很难真正得到实施。在几千年的历史演进中，中华民族创造了灿烂的古代文明，形成了关于国家制度和国家治理的丰富思想，包括大道之行、天下为公的大同理想，六合同风、四海一家的大一统传统，德主刑辅、以德化人的德治主张，民贵君轻、政在养民的民本思想，等贵贱均贫富、损有余补不足的平等观念，法不阿贵、绳不挠曲的正义追求，孝悌忠信、礼义廉耻的道德操守，任人唯贤、选贤与能的用人标准，周虽旧邦、其命维新的改革精神，亲仁善邻、协和万邦的外交之道，以和为贵、好战必亡的和平理念，等等。这些思想中的精华是中华优秀传统文化的重要组成部分，也是中华民族精神的重要内容。

比如，中华优秀传统文化中的人本主义传统。《尚书》指出：“惟天地万物之母，惟人万物之灵。”孟子提出了“民为贵，社稷次之，君为轻”的政治主张。荀子提出：“水火有气而无生，草木有生而无知，禽兽有知而无义，人有气、有生、有知，亦且有义，故最为天下贵也。”宋朝理学家二程、朱熹提出“民为邦本”的思想。虽然这些思想与马克思主义视域下的以人民为中心理念有重大区别，尤其是对“人”的理解上存在根本区别，但是除去这一根本立场外，它的基本精神是以人民为中心理念的重要思想渊源。又比如，中华优秀传统文化中包含的和而不同的包容精神。孔子在《论语·子路》中提出：“君子和而不同，小人同而不和。”也就是说，孔子把

名言金句

站立在960万平方公里的广袤土地上，吸吮着中华民族漫长奋斗积累的文化养分，拥有13亿中国人民聚合的磅礴之力，我们走自己的路，具有无比广阔的舞台，具有无比深厚的历史底蕴，具有无比强大的前进定力，中国人民应该有这个信心，每一个中国人都应该有这个信心。我们说要坚定中国特色社会主义道路自信、理论自信、制度自信，说到底是要坚定文化自信。文化自信是更基本、更深沉、更持久的力量。

——习近平

"和而不同"看成君子应具备的品格和修为，也就是君子的标准。从哲学上讲，"和"是多种因素的并存与互补，是有差别的统一，而"同"则是完全相同的事物简单相加："和"是含有矛盾的统一，"同"是毫无差异的苟同。"和而不同"是中国文化的大智慧，构成中华民族形成和壮大的重要因素。再比如，中华优秀传统文化中包含的天下为公的天下情怀、自由平等公正的美好价值、系统和整体的战略理念等，都与西方国家奉行的价值观念和文化具有较大的差别，这些理念和思想是在几千年中华民族历史发展过程中逐步形成的，又与马克思主义价值具有较大的契合性，成为中国特色社会主义制度形成和发展以及优势发挥过程中不可缺少的且占据重要地位的因素，成为中国特色社会主义制度自信的深厚的文化底蕴。

中华优秀传统文化中有些内容通过创造性转化和创新性发展直接成为中国特色社会主义制度的重要内容。比如巡视、监察制度等。《后汉书·皇甫规传》中有："规亲入庵庐，巡视将士，三军感悦。"习近平总书记在谈到巡视时指出："巡视作为党内监督的战略性制度安排，不是权宜之计，要用好巡视这把反腐'利剑'。现在的巡视有点'八府巡按'的意思了，群众说'包老爷来了'，有'青天'之感，有问题的干部害怕了。"又指出："我们的先人们早就认识到，反腐倡廉的核心是制约和监督权力。

【学界观点】

在中国古典哲学中，"和"与"同"不一样，"同"不能容"异"；"和"不但能容"异"，而且必须有"异"，才能称其为"和"。譬如一道好菜，必须把许多不同的味道调和起来，成为一种统一的新的味道；一首好乐章，必须把许多不同的声音综合起来，成为一个新的统一体。只有一种味道，一个声音，那是"同"；各种味道，不同声音，配合起来，那是"和"。客观辩证法的两个对立而矛盾统一的局面，就是一个"和"。两个对立面矛盾斗争，当然不是"同"，而是"异"；但却同处于一个统一体中，这又是"和"。

——冯友兰

我国古代很早就有监察、御史、弹劾、谏官等方面的制度。这些制度有不少在历代反腐倡廉中发挥了重要作用，对我们推进反腐倡廉制度建设具有借鉴意义。”

习近平总书记还引用法家经典“国皆有法，而无使法必行之法”“法令既行，纪律自正，则无不治之国，无不化之民”，强调依法治国的重要性。他引用“为官之义在于明法”“子帅以正，孰敢不正”“理国要道，在于公平正直”等，阐述领导干部执法之道。在反腐倡廉中，习近平总书记指出，深入推进党风廉政建设和反腐败斗争，需要坚持发扬我们党在反腐倡廉建设长期实践中积累的成功经验，需要积极借鉴世界各国反腐倡廉的有益做法，也需要积极借鉴我国历史上反腐倡廉的宝贵遗产。研究我国反腐倡廉历史，了解我国古代廉政文化，考察我国历史上反腐倡廉的成败得失，可以给人以深刻启迪，有利于我们运用历史智慧推进反腐倡廉建设。

> **名言金句**
>
> 历史和现实都表明，一个抛弃了或者背叛了自己历史文化的民族，不仅不可能发展起来，而且很可能上演一幕幕历史悲剧。文化自信，是更基础、更广泛、更深厚的自信，是更基本、更深沉、更持久的力量。
>
> ——习近平

四、制度体系的高效有序运行

新中国成立以来，尤其是改革开放以来，我国政治稳定、经济发展、社会和谐、民族团结，特别是面对新冠肺炎疫情、洪涝灾害等严重挑战时，同世界上一些不断出现乱局和乱象的国家和地区形成了鲜明对照。这说明，中国特色社会主义制度适应中国具体国情，具有显著的优势和特色，同时也展现出中国特色社会主义制度体系的高效有序运行。

中国共产党的领导核心是制度体系高效有序运行的关键。习近平总书记明确指出："我们说要推进国家治理体系和治理能力现代化，国家治理体系是由众多子系统构成的复杂系统，这个系统的核心是中国共产党，人大、政府、政协、法院、检察院、军队，各民主党派和无党派人士，各企事业单位，工会、共青团、妇联等群团组织，都要坚持中国共产党领导。"又指出："党是我们各项事业的领导核心，古人讲的'六合同风，九州共贯'，在当代中国，没有党的领导，这个是做不到的。中央委员会，中央政治局，中央政治局常委会，这是党的领导决策核心。党中央作出的决策部署，党的组织、宣传、统战、政法等部门要贯彻落实，人大、政府、政协、法院、检察院的党组织要贯彻落实，事业单位、人民团体等的党组织也要贯彻落实，党组织要发挥作用。各方面党组织应该对党委负责、向党委报告工作。有的同志习惯于把分管工作当成自己的禁脔，觉得既然分管就没有必要报告了，也不希望其他人来过问，有的甚至不愿意党委过问，不然就是党政不分了。这种想法是不正确的。党委是起领导核心作用的，各方面都应该自觉向党委报告重大工作和重大情况，在党委统一领导下尽心尽力做好自身职责范围内的工作。报告一下有好处，集思广益，群策群力，事情能办得更好。各地区各部门党委（党组）要加强向党中央报告工作，这也是一个规矩。""我国社会主义政治制度优越性的一个突出特点是党总揽全局、协调各方的领导核心作用，形象地说是'众星捧月'，这个'月'就是中国共产党。在国家治理体系的大棋局中，党中央是坐镇中军帐的'帅'，车马炮各展其长，一盘棋大局分明。如果中国出现了各自为政、一盘散沙的局面，不仅我们确定的目标不能实现，而且必定会产生灾难性后果。"

我国实行民主集中制是制度体系高效有序运行的根本保证。民主集中制是人民代表大会制度的组织和活动原则，又是党的根本组织制度和领导制度。中国特色社会主义政治运行是以民主集中制为核心的各项政治制度及政治要素等之间相互协调的运转过程，它符合中国实际，具有鲜明的优势，不仅能够发扬民主，集思广益，形成科学决策，体现绝大多数人的意志，又能确保国家权力协调，保证制度运行的高效性和方向性，避免权力分散带来的相互牵制和扯皮。各党派、各民族、各阶层和群体等，无论从事何种职业，持有何种信仰，都平等享有政治权利，都能在人民代表大会制度、中国共产党领导的多党合作和政治协商制度、民族区域自治制度、基层群众自治制度等运行中，在共同的政治基础上，充分表达不同的意见和诉求，真正实现最广泛的政治参与，实现最真实的民主。邓小平指出：“我们的制度是人民代表大会制度，共产党领导下的人民民主制度，不能搞西方那一套。社会主义国家有个最大的优越性，就是干一件事情，一下决心，一做出决议，就立即执行，不受牵扯。我们说搞经济体制改革全国就能立即执行，我们决定建立经济特区就可以立即执行，没有那么多互相牵扯，议而不决，决而不行。就这个范围来说，我们的效率是高的，我讲的是总的效率。这方面是我们的优势，我们要保持这个优势，保证社会主义的优越性。”

制度体系高效有序运行能够以尽可能少的政治资源消耗取得尽可能大的政治效果，从而也能够最大限度地消除严重的官僚主义，避免“瞎折腾”、“瞎指挥”和“拖拉”问题。西方民主正在被“游戏化、资本化和短视化”，造成诸多问题，尤其是效率低的问题。美国政坛的民主党参议员埃文·贝赫在发表于《纽约时报》的题为《为何离开参议院》的长篇文章中指出：“解决财政赤字和贸易逆差、挽救经济、能源政策、医疗保险改革等关乎国家未来的紧急课题堆积如山，但国会却处于（什么工作都不能做的）瘫痪状态。”而国会不能工作的最大原因则是“顽固的党派主义和不知妥协的僵硬思想”。英国前首相布莱尔指出：“中国制定的目标非常具有挑战性，绝非轻而易举就可完成。但是，中国是个‘言必行’的国家。中国的情况是，一旦制定了目标，它就会信守承诺，直至最后实现目标。而在我们的政治文化里，确定目标有时就是表达一种大体上的愿望而已。”

五、人类制度文明的中国方案和中国智慧

中国特色社会主义制度不仅是中国社会发展进步的重要保障，而且关切和维护人类的共同利益，积极探寻使当代人类走出困境的理念和路径，为人类对更好社会制度的探索提供了中国方案和中国智慧。

第一，为广大发展中国家特别是贫穷落后国家走向富裕提供有益启示和借鉴。贫困是人类社会的顽疾。反贫困始终是古今中外治国安邦的一件大事。改革开放以来，按照现行贫困标准计算，我国 7.7 亿农村贫困人口摆脱贫困；按照世界银行国际贫困标准，我国减贫人口占同期全球减贫人口 70% 以上。特别是在全球贫困状况依然严峻、一些国家贫富分化加剧的背景下，我国提前 10 年实现联合国《2030 年可持续发展议程》减贫目标，赢得国际社会广泛赞誉。纵览古今、环顾全球，没有哪一个国家能在这么短的时间内实现几亿人脱贫。中国创造了减贫治理的样本，为全球减贫事业做出了重大贡献。事实充分证明，中国特色社会主义制度在摆脱贫穷、促进经济社会发展方面，可为广大发展中国家，特别是贫困落后国家摆脱贫困走向富裕提供有益启示和借鉴。尼日利亚著名学者费米·阿科莫莱夫在《没有人再嘲笑亚洲人》中说，20 世纪 70—80 年代，中国和大部分非洲地区处于同样的经济落后状态，正因为如此，中国今天的经济腾飞为非洲人提供了特殊的经验，非洲可以从中国这个经济巨头身上学到很多经验，首先并且最重要的是，相信万事皆有可能，无论从哪个方面来说，中国的经济表现都是一个奇迹。它展示出一个拥有自信、决心和远见的民族可以取得什么样的成就。

第二，维护世界和平，促进共同发展，构建包容和谐世界。维护世界和平、促进共同发展是中国对外政策的一贯宗旨，构建包容和谐世界是中国国际战略思想的集中表达。我国始终坚持和平、发展、合作的思路，

弘扬平等互信、包容互鉴、合作共赢的精神；实行“与邻为善，以邻为伴”“睦邻、安邻、富邻”的周边外交政策；呼吁世界各国把促进共同发展作为解决全球发展不平衡和实现可持续发展的重要途径，共同分享发展机遇，共同应对各种挑战，为建设持久和平、共同繁荣的包容和谐世界而不懈努力。俄罗斯科学院院士季塔连科就此评论说：中国在对待现代文明方面的态度、实施社会政策方面的经验，客观上成为“历史终结”及“文明冲突”等自由化思潮的有力替代者，从而推动历史发展，防止文明之间的冲突，推动全球的共同发展。

第三，遵循以人民为中心的根本价值，为世界各国发展提供了重要的价值参考。中国特色社会主义制度展现出不同于和高于资本主义制度发展的独特价值，为世界各国发展提供了重要的理念参考和价值借鉴。一是解放和发展生产力，实现共同富裕。在社会生产力发展的基础上，实现共同富裕，遵循了社会发展基本规律，体现了社会主义本质要求，同时也能有效避免民主社会主义制度下的经济发展动力不足的困境。二是促进公平公正，实现社会和谐。公平公正是社会主义制度的内在要求，社会和谐是社会主义制度的本质属性。我们为社会主义奋斗，不但是因为社会主义有条件比资本主义更快地发展生产力，而且因为只有社会主义才能消除资本主义和其他剥削制度所必然产生的种种不公正现象，才能推进经济建设、政治建设、文化建设、社会建设和生态文明建设协调发展。三是

名言金句

中国人民将继续大胆创新、推动发展，坚定不移贯彻以人民为中心的发展思想，落实新发展理念，建设现代化经济体系，深化供给侧结构性改革，加快实施创新驱动发展战略、乡村振兴战略、区域协调发展战略，推进精准扶贫、精准脱贫，促进社会公平正义，不断增强人民获得感、幸福感、安全感。

——习近平

促进人的自由全面发展。马克思指出，消灭私有制，建立社会主义的新社会，将是以每个人的全面而自由发展为基本原则的社会形式。中国特色社会主义制度为人的发展尤其是占社会绝大多数的劳动人民的发展提供了得以实现的制度保障。中国共产党历来致力于人的发展，并把这一理念具体化为以人民为中心，力求将其贯彻到各项制度、政策、方针之中。

第四，倡导生态文明，促进世界从工业文明向新型文明转型。党的十七大报告首次提出“建设生态文明”。党的十八大提出，“必须树立尊重自然、顺应自然、保护自然的生态文明理念，把生态文明建设放在突出地位，融入经济建设、政治建设、文化建设、社会建设各方面和全过程”，加强生态文明建设，从而把生态文明引入中国特色社会主义制度。由于资本主义制度的利润逻辑和资本强势以及无限追求利润的生产方式，阻挠社会层面和实践层面及时推进生态文明建设的努力。恩格斯在反思工业文明时提出，“人们就越是不仅再次地感觉到，而且也认识到自身和自然界的一体性，而那种关于精神和物质、人类和自然、灵魂和肉体之间的对立的荒谬的、反自然的观点，也就越不可能成立了”，“我们也经过长期的、往往是痛苦的经验，经过对历史材料的比较和研究，渐渐学会了认清我们的生产活动在社会方面的

名言金句

山峦层林尽染，平原蓝绿交融，城乡鸟语花香。这样的自然美景，既带给人们美的享受，也是人类走向未来的依托。无序开发、粗暴掠夺，人类定会遭到大自然的无情报复；合理利用、友好保护，人类必将获得大自然的慷慨回报。我们要维持地球生态整体平衡，让子孙后代既能享有丰富的物质财富，又能遥望星空、看见青山、闻到花香。……绿色是大自然的底色。我一直讲，绿水青山就是金山银山，改善生态环境就是发展生产力。良好生态本身蕴含着无穷的经济价值，能够源源不断创造综合效益，实现经济社会可持续发展。

——习近平

间接的、较远的影响，从而有可能去控制和调节这些影响。但是要实行这种调节，仅仅有认识还是不够的。为此需要对我们的直到目前为止的生产方式，以及同这种生产方式一起对我们的现今的整个社会制度实行完全的变革”。因此，生态问题实际上是社会问题和政治问题。中国特色社会主义制度把社会主义与生态文明有机结合，用生态文明理念和要求去规范和约束社会实践，真正体现了社会实践与社会主义价值目标的一致性，从而能促使人们自觉地珍爱自然、保护自然，真正实现价值观念、生产生活方式的变革，形成节约资源和保护环境的空间格局、产业结构、生产方式、生活方式，从而也能够超越工业文明，走向社会主义生态文明新时代。

第五，坚持中国特色，为世界制度文明贡献创造性成果。正如世界存在多元文化一样，也存在多元制度文明。一种制度能否对世界制度文明做出创造性贡献，首先取决于它是否为人类文明应对挑战、解决矛盾做出自己的贡献，能否成为人类追求文明进步的一条新路，能否为人类探索出一种新的存在状态。西方学者对中国制度文明为世界制度文明做出的贡献有诸多论述。比如，哈佛大学教授约瑟夫·奈认为，中国模式的成功提升了中国的软实力，因为中国的经济增长不仅使发展中国家获益巨大，中国的特殊发展模式包括特殊的民主方式也被一些发达国家称为可效仿的模样，更重要的是将来，中国倡导的民主价值观、社会发展模式和对外政策做法，会进一步在世界公众中产生共鸣和影响力。德国学者罗尔夫·贝特霍尔德2003年5月14日在《我们的时代》周刊上发表《中国2003——迈向社会主义道路》一文。他指出，当今的资本主义越来越明

【学界观点】

中国的传统文化一向非常有吸引力。过去中国的哲学家——老子、孔子早就在他们的著作里讲到“软实力”的概念，只是没有说出“软实力”这个名词。

——约瑟夫·奈（哈佛大学教授，美国著名国际政治学家）

显地暴露其无能，随着经济发展速度的不断加快，它已无法解决日益严重的全球性问题，如越来越多的国家发生社会暴力事件、南北之间的鸿沟加深、环境遭到破坏等，因此，国际社会越来越期望塑造一个资本主义的对立面，中国的重要意义正在于此。

第六，构建人类命运共同体理念。党的十八大指出，中国倡导人类命运共同体意识，在追求本国利益时兼顾他国合理关切，在谋求本国发展中促进各国共同发展，建立更加平等均衡的新型全球发展伙伴关系，同舟共济，权责共担，增进人类共同利益。人类命运共同体理念体现出宽广的世界眼光和深厚的人类关怀，为世界各国在价值冲突中治理全球性难题贡献了中国方案。当前世界总体处于和平状态，但是妨碍和平的冷战思维、影响和平的战争因素和强权政治始终存在，构成对当今世界的威胁。习近平总书记不仅强调中国始终是世界和平的建设者，中国外交政策的宗旨就是维护世界和平，促进世界发展，而且提出通过推进国际关系法治化，维护和促进世界持久和平的目标。他还强调倡导共同、综合、合作、可持续安全的理念，尊重和保障每一个国家的安全。不能一个国家安全而其他国家不安全，一部分国家安全而另一部分国家不安全，更不能牺牲别国安全谋求自身所谓绝对安全。当今世界，开放包容、多元互鉴是主基调，人类文明多样性是世界的基本特征，也是人类进步的源泉。世界上有 200 多个国家和地区，2 500 多个民族，多种宗教。文明差异不应该成为世界冲突的根

知识点

“一带一路”是“丝绸之路经济带”和“21 世纪海上丝绸之路”的简称。它充分依靠中国与有关国家既有的双多边机制，借助既有的、行之有效的区域合作平台，旨在用古代丝绸之路的历史符号，高举和平发展的旗帜，积极发展与沿线国家的经济合作伙伴关系，共同打造政治互信、经济融合、文化包容的利益共同体、命运共同体和责任共同体。

源，而应该成为人类文明进步的动力。不同文明要取长补短、共同进步，让文明交流互鉴成为推动人类社会进步的动力、维护世界和平的纽带。这些都体现了当代中国在全球治理中的大国责任担当。

六、坚定制度自信要防止和避免几个陷阱

坚定制度自信要始终坚持根据中国实际情况和新时代要求，推进中国特色社会主义制度创新和完善，对内要防止和避免落入“中等收入陷阱”和“塔西佗陷阱”，对外要防止和避免陷入“西化分化陷阱”和“修昔底德陷阱”。

防止和避免落入“中等收入陷阱”。“中等收入陷阱”，也就是“拉美陷阱”，它不是单纯的经济问题，而是包含经济、政治、社会、文化、安全、生态在内的综合性转型难题。落入“中等收入陷阱”，必然会带来经济停滞、贫富分化、腐败多发、就业困难、社会动荡、信仰缺失等综合性问题，严重削弱广大人民群众的制度自信。

知识点

2006 年，世界银行在《东亚经济发展报告》首次提出了“中等收入陷阱”(Middle Income Trap）的概念，其意是指：一个国家在经历中等收入以后，往往陷入了经济增长的停滞期，既无法在工资方面与低收入国家竞争，又无法在尖端技术研制方面与富裕国家竞争。2014 年 11 月 10 日，习近平主席在北京出席亚太经合组织领导人同工商咨询理事会代表对话会时提到中国的“中等收入陷阱”是肯定要迈过去的。

根据著名经济学家、北京大学教授林毅夫等人的测算，近半个世纪以来，世界上只有 12 个国家和地区打破了“中等收入陷阱”，除去 20 世纪 50 年代已经开始经济腾飞的老牌工业强国日本和海湾、中亚石油国家，实际上只有韩国、新加坡和中国香港、中国台湾，成功摆脱了“中等收入陷阱”。换句话说，世界上尚没有一个上亿人口的经济体成功跳脱这一陷阱。

党的十八大以来，习近平总书记明确提出，要全面深化改革，转变经济发展方式，加大经济结构调整力度，实施创新驱动战略，提高经济发展质量和效益，在此基础上不断提高人民生活水平；同时，党中央又创造性地提出创新、协调、绿色、开放、共享五大发展理念，为破解并跨越“中等收入陷阱”，如期实现全面建成小康社会目标，进而走向高收入阶段提供了重要理论指导。习近平总书记指出：“对中国而言，‘中等收入陷阱’过是肯定要过去的，关键是什么时候迈过去、迈过去以后如何更好向前发展。我们有信心在改革发展稳定之间，以及稳增长、调结构、惠民生、促改革之间找到平衡点，使中国经济行稳致远。”

防止和避免落入“塔西佗陷阱”。习近平总书记在指导河南省兰考县委常委班子专题民主生活会谈到党和政府与人民群众的关系时，意味深长地提到著名的“塔西佗陷阱”。他指出，古罗马历史学家塔西佗提出了一个理论，说当公权力失去公信力时，无论发表什么言论、无论做什么事，社会都会给予负面评价。

在古今中外人类社会发展史上，不少政权的更迭或整个民族的灭亡，都有不同程度的“塔西佗陷阱”的影子。苏联解体有很多原因，但坠入“塔西佗陷阱”是其重要原因之一。从 20 世纪 50 年代开始，苏联社会就开始出现信仰危机、信心危机和信任危机。到了戈尔巴乔夫执掌苏联时，已经积重难返。苏联解体前，苏联社会科学院曾经进行过一次问卷调查，被调查者认为苏共代表工人的占 4%，认为苏共代表全体人民的占 7%，认为苏共代表全体党员的也只占 11%，而认为苏共代表党的官僚、代表干部、代表机关工作人员的竟占 85%。还有一项调查发现，21% 的被调查者认为，党组织已经不具有任何政治威信；67% 的人认为它残存的一点威信也正在丧失。同时，每 5 人中就有 1 人指出自己已经脱离了政治生活。习近平总书记在总结苏联解体的教训时指出：“人们曾经提出一个问题，苏共早年在有二十万党员时能够夺取政权，在有二百万党员时能够打败法西斯侵略者，而在有近二千万党员时却丢失了政权、丢失了自己，这是为什么？我看，很重要的一个原因是政治纪律被动摇了，谁都可以言所欲言、为所欲为，那还叫什么政党呢？那是乌合之众。”

中国共产党与广大人民群众有着天生的血脉联系。中国共产党成立后，就努力践行全心全意为人民服务的根本宗旨，始终注重保持同人民群众水乳交融的关系。但是改革开放以后受多种因素的影响，部分党员干部逐渐脱离人民群众，党群关系受到严重损害。习近平总书记清醒地认识到，我们虽然没有走到“失信于民”那一步，但存在的问题不可谓不严重，必须下大气力加以解决。如果真的到了那一天，就会危及党的执政基础和执政地位。党的十八大以来，以习近平同志为核心的党中央高度重视党群关系，并采取了系统性改革举措，全面从严治党，坚决改变管党治党“宽松软”状况。党的建设制度改革深入推进，党内法规制度体系不断完善。把纪律挺在前面，着力解决人民群众反映最强烈、对党的执政基础威胁最大的突出问题。出台中央八项规定，严厉整治形式主义、官僚主义、享乐主义和奢靡之风，坚决反对特权。巡视“利剑”作用彰显，实现中央和省级党委巡视全覆盖。坚持反腐败无禁区、全覆盖、零容忍，坚定不移“打虎”“拍蝇”“猎狐”，反腐败斗争压倒性态势已经形成并巩固发展。习近平总书记指出：“人心向背关系

知识点

“塔西佗陷阱”，得名于古罗马时代的历史学家塔西佗。这一概念最初来自塔西佗所著的《塔西佗历史》，塔西佗在评价一位罗马皇帝时说：“一旦皇帝成了人们憎恨的对象，他做的好事和坏事就同样会引起人们对他的厌恶。”之后被中国学者引申成为一种社会现象，指当政府部门或某一组织失去公信力时，无论说真话还是假话，做好事还是坏事，都会被认为是说假话、做坏事。

党的生死存亡。党只有始终与人民心连心、同呼吸、共命运，始终依靠人民推动历史前进，才能做到哪怕‘黑云压城城欲摧’，‘我自岿然不动’，安如泰山、坚如磐石。”如果党和人民的关系像革命战争年代那样鱼水情深、密不可分，“塔西佗陷阱”就无从谈起，人们对中国特色社会主义制度自信就会更加坚定。

防止和避免陷入“西化分化陷阱”。所谓“西化”，就是通过非暴力手段推翻中国共产党的领导和社会主义制度，走资本主义道路。所谓“分化”，就是分裂中国，企图分而治之。“西化分化陷阱”，以前叫“和平演变”，后来叫“颜色革命”“茉莉花革命”等，其表现形式多种多样，如“中国崩溃论”“中国威胁论”“中国救世论”等。

改革开放以来，西方敌对势力从未停止通过各种方式对我国进行“西化”“分化”的政治图谋。特别是由于经济体制深刻变革、社会结构深刻变动、利益格局深刻调整、思想观念深刻变化，一些人打着政治体制改革的幌子，鼓吹西方的政治制度，传播历史虚无主义、新自由主义、民主社会主义，把西方制度模式说成是“普世价值”，瓦解我国社会主义意识形态阵地，危害改革开放和社会主义现代化建设。

因此，要坚定不移地走中国特色社会主义道路。道路问

知识点

“颜色革命”（Color Revolution），又称“花朵革命”，是指20世纪末期开始的一系列发生在中亚、东欧、独联体国家的以颜色命名、以和平和非暴力方式进行的政权变更运动，而且这些运动已蔓延至包括中东在内的一些地区。

“茉莉花革命”，是指发生于2010年末至2011年初的北非突尼斯反政府示威导致政权倒台的事件，因茉莉花是其国花而得名。2010年12月17日，26岁青年穆罕默德·布瓦吉吉自焚，触发境内大规模街头示威游行及争取民主活动。革命导致时任总统本·阿里政权倒台，突尼斯成为阿拉伯国家中第一场因人民起义被推翻现政权的国家。

题是关系党的事业兴衰成败第一位的问题，道路就是党的生命。中国特色社会主义是在改革开放 40 多年的伟大实践中走出来的，是在中华人民共和国成立 70 多年的持续探索中走出来的，是在对近代以来 180 年中华民族发展历程的深刻总结中走出来的，是在对中华民族 5 000 多年悠久文明的传承中走出来的，是全面建成小康社会、加快推动社会主义现代化、实现中华民族伟大复兴的必由之路，因此，要有志不改、道不变的坚定，牢牢把握改革开放的前进方向，坚定不移地走中国特色社会主义道路。

同时，继续深化改革开放，完善中国特色社会主义制度。习近平总书记指出：“改革开放是党和人民大踏步赶上时代的重要法宝，是坚持和发展中国特色社会主义的必由之路，是决定当代中国命运的关键一招，也是决定实现‘两个一百年’奋斗目标、实现中华民族伟大复兴的关键一招。”防止和避免陷入“西化分化陷阱”关键在于继续全面深化改革开放，完善中国特色社会主义制度，推进国家治理体系和治理能力现代化，不断革除体制机制弊端，推动中国特色社会主义制度更加成熟更加定型，形成一整套更完备、更稳定、更管用的制度体系，同时有效提高制度执行力。当然，全面深化改革开放中“改什么、怎么改必须以是否符合完善和发展中国特色社会主义制度、推进国家治理体系和治理能力现代化的总目标为根本尺度，该改的、能改的我们坚决改，不该改的、不能改的坚决不改”。

防止和避免陷入“修昔底德陷阱”。“修昔底德陷阱”并不必然存在。习近平总书记在访美演讲时强调：“世界上本无‘修昔底德陷阱’，但大国之间一再发生战略误判，就可能自己给自己造成‘修昔底德陷阱’。”从历史上大国关系的演变角度看，“修昔底德陷阱”并非不可避免的历史必然规律，而只是一种在统计学上多次出现的历史现象。比如，近代西方国家发展中，由英国与西班牙大海战开始，法、德、俄、意诸国都通过战争取代此前的霸权国而实现大国崛起。据统计，在 15 世纪 90 年代至 20 世纪

70 年代爆发的 119 次大国战争中，新崛起大国与守成大国同时参战的有 64 次。

从总体性上讲，历史上很多国家的崛起也并非一定要通过战争，“修昔底德陷阱”不是在国际舞台上被反复证明的真理。从中美关系看，中美关系对两国、对世界都很重要，中美两国完全可以成为很好的合作伙伴。要从长远和战略角度看待中美关系，拓展合作领域，实现互利共赢。只要双方坚持这个最大公约数，中美关系发展就有正确方向。

知识点

“修昔底德陷阱”是美国政治学家格雷厄姆·艾利森提出的概念，指一个新崛起的大国必然要挑战现存大国，而现存大国也必然会回应这种威胁，这样战争变得不可避免。

中国有避免“修昔底德陷阱”的智慧。强国一定会寻求霸权的论断并不适用于中国。中华优秀传统文化中包含的“和而不同”“和为贵”的包容精神、“天人合一”“民胞物与”“协和万邦”的和谐思想以及“天下为公”的天下情怀、自由平等公正的美好价值、系统和整体的战略理念等，提供了充分的能够避免“修昔底德陷阱”的中国智慧。2014 年 1 月，习近平总书记在接受美国《赫芬顿邮报》子报《世界邮报》创刊号专访时指出：“我们都应该努力避免陷入‘修昔底德陷阱’，强国只能追求霸权的主张不适用于中国，中国没有实施这种行动的基因。”

07

第七章 “知常明变者赢，守正创新者进”

——新时代如何坚持和完善中国特色社会主义制度

习近平总书记指出：“中国特色社会主义制度是特色鲜明、富有效率的，但还不是尽善尽美、成熟定型的。中国特色社会主义事业不断发展，中国特色社会主义制度也需要不断完善。”当今世界正经历百年未有之大变局，我国正处于实现中华民族伟大复兴关键时期。顺应时代潮流，适应我国社会主要矛盾变化，不断满足人民对美好生活新期待，战胜前进道路上的各种风险挑战，必须坚持解放思想、实事求是，坚持改革创新，着力固根基、扬优势、补短板、强弱项，构建系统完备、科学规范、运行有效的制度体系，把我国制度优势更好转化为国家治理效能，为实现中华民族伟大复兴的中国梦提供有力保证。党的十九届四中全会强调：“到我们党成立一百年时，在各方面制度更加成熟更加定型上取得明显成效；到二〇三五年，各方面制度更加完善，基本实现国家治理体系和治理能力现代化；到新中国成立一百年时，全面实现国家治理体系和治理能力现代化，使中国特色社会主义制度更加巩固、优越性充分展现。”

一、制度守正创新的新时代要求

党的十八大以来，中国特色社会主义进入新时代，中国特色社会主义制度发展到具有新时代特点、新时代意义的新阶段。中国特色社会主义制度守正创新具有了新的时代要求。

坚守“志不改、道不变”原则。守正创新首先是“守正”，制度创新和发展必须强化“守正”这一基础和前提，也就是必须坚持中国特色社会

名言金句

经过长期努力，中国特色社会主义进入了新时代，这是我国发展新的历史方位。

中国特色社会主义进入新时代，意味着近代以来久经磨难的中华民族迎来了从站起来、富起来到强起来的伟大飞跃，迎来了实现中华民族伟大复兴的光明前景；意味着科学社会主义在二十一世纪的中国焕发出强大生机活力，在世界上高高举起了中国特色社会主义伟大旗帜；意味着中国特色社会主义道路、理论、制度、文化不断发展，拓展了发展中国家走向现代化的途径，给世界上那些既希望加快发展又希望保持自身独立性的国家和民族提供了全新选择，为解决人类问题贡献了中国智慧和中国方案。

这个新时代，是承前启后、继往开来、在新的历史条件下继续夺取中国特色社会主义伟大胜利的时代，是决胜全面建成小康社会、进而全面建设社会主义现代化强国的时代，是全国各族人民团结奋斗、不断创造美好生活、逐步实现全体人民共同富裕的时代，是全体中华儿女勠力同心、奋力实现中华民族伟大复兴中国梦的时代，是我国日益走近世界舞台中央、不断为人类作出更大贡献的时代。

——习近平

主义方向和道路。

中国特色社会主义制度创新必须坚持科学社会主义基本原则。习近平总书记在新进中央委员会的委员、候补委员学习贯彻党的十八大精神研讨班上发表的重要讲话，提出科学社会主义在批判资本主义旧世界的基础上形成的五大原则：未来社会主义是在生产资料公有制基础上组织社会生产，满足全体社会成员的需求是社会主义生产的根本目的；对社会生产进行有计划的指导和调节，实行等量劳动领取等量产品的按劳分配原则；合乎规律地改造和利用自然；无产阶级革命是无产阶级进行斗争的最高形式、必须由无产阶级政党领导、以建立无产阶级专政的国家为目的；通过无产阶级专政和社会主义高度发展最终实现向消灭阶级、消灭剥削、实现人的自由而全面发展的共产主义社会过渡。以上这些原则，揭示了社会主义社会的一般规律和发展趋势，体现了人类进步和文明的趋势，代表了最大多数人的利益，是中国特色社会主义制度必须坚持的基本原则。这些基本原则不能丢，丢了就不是社会主义了。

坚持科学社会主义基本原则并不是固守僵化的教条主义，而是把科学社会主义与具体国情相结合，探索科学社会主义在每个国家的具体实现形式。中国共产党始终坚持科学社会主义基本原则与中国具体实际的有机统一，不仅探索出在中国实现社会主义的具体步骤和方法，而且使这些步骤和方法具体化和制度化，形成了中国特色社会主义制度。习近平总书记指出，中国特色社会主义，是科学社会主义理论逻辑和中国社会发展历史逻辑的辩证统一，是根植于中国大地、反映中国人民意愿、适应中国和时代发展进步要求的科学社会主义，是全面建成小康社会、加快推动社会主义现代化、实现中华民族伟大复兴的必由之路。实践充分证明，中国特色社会主义是中国共产党和中国人民团结的旗帜、奋进的旗帜、胜利的旗帜。我们要全面建成小康社会、加快推动社会主义现代化、实现中华民族伟大复兴，必须始终高举中国特色社会主义伟大旗帜，坚定不移坚持和发展中国特色社会主义。偏离或离开中国特色社会主义方向，制度改革和创新就会走向邪路，这条道路上苏联、东欧的殷鉴未远。针对社会上存在的对改革开放的目

名言金句

科学社会主义基本原则不能丢，丢了就不是社会主义。同时，科学社会主义也绝不是一成不变的教条。我说过，当代中国的伟大社会变革，不是简单延续我国历史文化的母版，不是简单套用马克思主义经典作家设想的模板，不是其他国家社会主义实践的再版，也不是国外现代化发展的翻版。社会主义并没有定于一尊、一成不变的套路，只有把科学社会主义基本原则同本国具体实际、历史文化传统、时代要求紧密结合起来，在实践中不断探索总结，才能把蓝图变为美好现实。

——习近平

> **名言金句**
>
> 中国是一个大国，决不能在根本性问题上出现颠覆性错误，一旦出现就无法挽回、无法弥补。我们的立场是胆子要大、步子要稳，既要大胆探索、勇于开拓，也要稳妥审慎、三思而后行。我们要坚持改革开放正确方向，敢于啃硬骨头，敢于涉险滩，敢于向积存多年的顽瘴痼疾开刀，切实做到改革不停顿、开放不止步。
>
> ——习近平

标和方向的一些噪声、杂音，习近平总书记明确指出，我们的改革开放是有方向、有立场、有原则的。中国是一个大国，决不能在根本性问题上出现颠覆性错误，一旦出现就无法挽回、无法弥补。

制度创新必须适应社会主要矛盾的转化。党的十九大报告提出，中国特色社会主义进入新时代，我国社会主要矛盾已经转化为人民日益增长的美好生活需要和不平衡不充分的发展之间的矛盾。人民美好生活需要日益广泛，不仅对物质文化生活提出了更高要求，而且在民主、法治、公平、正义、安全、环境等方面的要求也日益增长。同时，我国发展不平衡不充分，已经成为满足人民日益增长的美好生活需要的主要制约因素。

我国社会主要矛盾的变化是关系全局的历史性变化，对党和国家工作提出了许多新要求。新的社会主要矛盾，是制度创新和发展的根本依据。在全面深化改革的着力点上，我们要着力解决好发展不平衡不充分问题，大力提升发展质量和效益，更好满足人民在经济、政治、文化、社会、生态等方面日益增长的需要，更好推动人的全面发展、社会全面进步。

注重制度创新的整体性、系统性和协同性。中国特色社会主义制度创新不仅包括根本制度、基本制度的创新，也包括经济、政治、文化、社会、生态文明等各个领域重要制度的创新，它们相互制约、相互作用，构成一个整体，规定和规范各个领域的复杂关系，因此制度创新必然是整体性、系统性和协同性创新。只有各个领域制度创新相互依赖、相互配合，才能整体推进中国特色社会主义制度的创新和完善，如果出现短板现象，顾此失彼，必然引发社会矛盾和问题。党的十八大提出，要构建系统完备、科学规范、运行有效的制度体系，使各方面制度更加成熟更加定型。党的十八届三中全会强调，全面深化改革不是某个领域某个方面的单项改革。党的十八届五中全会又对解决制度创新过程中出现的突出问题和短板问题进行了系统规划。党的十九届四中全会专门研究了中国特色社会主义制度与国家治理体系和治理能力问题，提出坚持和完善中国特色社会主义制度、推进国家治理体系和治理能力现代化的总目标，并从十三个方面做出新的部署和安排。这些都为中国特色社会主义制度整体创新和完善指明了方向。

> **名言金句**
>
> 我国改革已经进入攻坚期和深水区，进一步深化改革，必须更加注重改革的系统性、整体性、协同性，统筹推进重要领域和关键环节改革。这里，我想讲四句话，就是坚定信心，凝聚共识，统筹谋划，协同推进。
>
> ——习近平
>
> 要解决我们面临的突出矛盾和问题，仅仅依靠单个领域、单个层次的改革难以奏效，必须加强顶层设计、整体谋划，增强各项改革的关联性、系统性、协同性。只有既解决好生产关系中不适应的问题，又解决好上层建筑中不适应的问题，这样才能产生综合效应。
>
> ——习近平

强化制度创新的顶层设计。党的十八大以来，党高度重视加强改革的顶层设计和总体规划，协调推进经济、政治、文化、社会、生态文明等各方面体制改革，敢于啃硬骨头，敢于涉险滩，坚决破除一切妨碍科学发展的体制机制弊端，激发起全社会创造活力，推动国家各项事业蓬勃发展，取得了巨大的历史性成就。顶层设计首先要解决制度创新发展的总体性和方向性问题。党和政府不仅要深刻把握世界制度文明发展的内在逻辑和人类社会发展的总体规律和趋势，坚持和维护中国特色社会主义制度创新和完善的正确政治方向，防止走入邪路和老路，同时，要从国家和人民利益出发，对全局性、关键性、核心性问题进行科学判断和整体谋划，只有这样，才能纲举目张，为解决其他问题铺平道路，从而推动中国特色社会主义各个领域的体制机制创新。尤其是随着改革开放的全面深入，深层次矛盾凸显，基层改革和创新制度已经不能解决一些事关全局的重大问题，比如，医疗体制改革、社会保障制度改革、生态文明制度改革等，尤其需要强化制度创新的顶层设计。

进一步解放思想，与时俱进。解放思想的核心在于在马克思主义指导下变更思维、转变观念、更新思想，用创新的思维和办法应对、解决前进路上的新情况、新问题。回顾改革开放 40 多年历程，什么时候思想解放了，改革开放就顺利推进，什么时候思想僵化了，改革开放就会遇到挫折。改革开放没有完成时只有进行时，新时代全面深化改革，需要思想再解放。针对制度体制创新，习近平总书记强调，“冲破思想观念的障碍、突破利益固化的藩篱”，解放思想是首要的。在全面深化改革问题上，一些思想观念障碍往往不是来自体制外而是来自体制内的。思想不解放，我们就很难看清各种利益固化的症结所在，很难找准突破的方向和着力点，很难拿出创造性的改革举措。因此，一定要有自我革新的勇气和胸怀，跳出条条框框限制，克服部门利益掣肘，以积极主动精神研究和提出改革举措。

借鉴人类制度文明成果。中国特色社会主义制度是马克思主义与我国具体实践、文化传统深度融合，在我国经济社会发展基础上深入演进，进而内生性演化

> **名言金句**
>
> 必须坚持马克思主义指导地位，不断推进实践基础上的理论创新。改革开放 40 年的实践启示我们：创新是改革开放的生命。实践发展永无止境，解放思想永无止境。
>
> ——习近平

的结果。中国历史、中国文化是制度发展的内源因素。这就需要不断根据新的实践和时代要求，总结和汲取中国历史和中国文化中的积极因素，并把其上升为制度体制，使中国特色社会主义制度更具中国气派和中国特色。比如，谈到制约监督制度时，习近平总书记指出：“我们的先人们早就认识到，反腐倡廉的核心是制约和监督权力。我国古代很早就有监察、御史、弹劾、谏官等方面的制度。这些制度有不少在历代反腐倡廉中发挥了重要作用，对我们推进反腐倡廉制度建设具有借鉴意义。”同时，要吸收世界制度文明成果。各种人类文明在价值上是平等的，各有千秋，人类文明因多样才有交流互鉴的价值。习近平总书记在庆祝全国人民代表大会成立 60 周年大会上更明确地指出：“‘橘生淮南则为橘，生于淮北则为枳’。我们需要借鉴国外政治文明有益成果，但绝不能放弃中国政治制度的根本。中国有 960 多万平方公里土地、56 个民族，我们能照谁的模式办？谁又能指手画脚告诉我们该怎么办？对丰富多彩的世界，我们应该秉持兼容并蓄的态度，虚心学习他人的好东西，在独立自主的立场上把他人的好东西加以消化吸收，化成我们自己的好东西，但决不能囫囵吞枣、决不能邯郸学步。照抄照搬他国的政治制度行不通，会水土不服，会画虎不成反类犬，甚至会把国家前途命运葬送掉。只有扎根本国土壤、汲取充沛养分的制度，才最可靠、也最管用。”

名言金句

政治制度是用来调节政治关系、建立政治秩序、推动国家发展、维护国家稳定的，不可能脱离特定社会政治条件来抽象评判，不可能千篇一律、归于一尊。在政治制度上，看到别的国家有而我们没有就简单认为有欠缺，要搬过来；或者，看到我们有而别的国家没有就简单认为是多余的，要去除掉。这两种观点都是简单化的、片面的，因而都是不正确的。

——习近平

二、推进制度法治化、科学化、定型化

中国特色社会主义制度创新和完善要适应中国特色社会主义进入新时代对制度创新的新要求，推进制度的法治化、科学化和定型化。

推进制度法治化。法治是制度的法律表现形式。习近平总书记指出："我们要建设的中国特色社会主义法治体系，本质上是中国特色社会主义制度的法律表现形式。"只有内心尊崇法治，才能行为遵守法律。只有铭刻在人们内心中的法治，才是真正牢不可破的法治。制度创新和发展中存在一些不良现象。比如，把制度当成是可有可无，或一种为自己所有、为自己所用、为自己所改变的工具，合乎自己利益的制度就遵守，不合乎自己利益的制度就不遵守，没有在一定高度和法律层面认真周密地考虑制度的权威性。有些制度的制定缺乏法律依据，甚至有些制度与法律法规相矛盾，从而使制度缺乏合法性。推进制度法治化，就是在制度改革和创新中要依据宪法法律。依法治国是我国基本国策，凡制定或修订重大制度都必须于法有据，自觉维护宪法法律的权威和统一正确实施，绝不能图省事、走捷径，突破法律边界。同时，推进制度法治化也意味着制度执行要始终遵从宪法法律。

推进制度科学化。推进制度科学化就是遵循制度创新和发展基本规律，根据新的实践和时代发展以及人民诉求，对不适合新时代和实践发展要求、损坏人民群众利益的制度进行改革和创新，从而使制度体系更加完备，制度内容更加完善，制度执行更加有力。习近平总书记指出："对已有相关制度进行梳理，经实践检验行之有效、群众认可的，要予以重申，继续坚持、抓好落实，严肃纪律，形成刚性约束；不适应新形势新任务要求的，该修改完善的就修改完善，该废止的就废止，该制定新的就制定新的。要总结新的实践经验，建立新的制度。"

制度创新和发展过程中存在一些问题。例如：有些制度创新违背制度建设和发展一般规律，缺少周密和严谨的设计和论证，没有考虑到全局性、长久性、复杂性；有些制度陈旧、僵化和过时，明显不适应经济社会发展要求；有些制度与制度之间相互矛盾、相互冲突；有些制度的确立是为了创新而创新，不符合人民群众根本利益需求，缺乏生命力；等等。推进制度科学化要遵从几个原则：方向性原则，就是制度创新和发展不能否定党的领导，必须从坚持和加强党的领导出发，推进中国特色社会主义制度完善，不能标新立异、自行其是，不能走老路或邪路。主体性原则，就是在制度创新和发展过程中要以人民为中心。既要旗帜鲜明坚持重大原则和方向，又要积极吸纳基层经验、充分尊重群众实践、认真倾听一线声音。制度创新脱离群众，就不会得到群众支持。实践性原则，就是制度创新不仅要从中国具体实践中来，还要到实践中去，用新时代改革开放实践检验其正确性，并在实践反馈中修正和完善。照搬照抄他人经验，囫囵吞枣、食洋不化，最终只会搬起石头砸自己的脚。系统性原则，就是既要考虑制度内部的系统性和层次性，又要考虑制度与制度之间的协调性和耦合性。

推进制度定型化。中国特色社会主义制度定型化就是使制度体系“系统完备、科学规范、运行有效”，使制度体系“更完备、更稳定、更管用”。

首先，形成较为完备的制度体系。从制度结构上要形成包括制度理念、制度价值、制度载体等科学合理的制度体系；制度运行形态上要形成包括根本制度、基本制度和重要制度的制度体系，尤其是基础性的制度体系；从制度内容上要形成包括经济、政治、文化、社会、生态以及中国共产党的建设等各个领域相互衔接、互相耦合的制度体系。完备制度体系的形成是制度定型化的重要里程碑。

其次，使制度具有相对稳定性和相对成熟性。所谓“相对稳定性”，就是制度处于“高平”状态，制度供给能够适应和满足制度需求，从而实现制度供给和制度需求基本平衡；所谓“相对成熟性”，就是在制度稳定性的基础上，形成科学规范的制度，能够有效解决社会运行中的矛盾和问题，而不发生大的起伏和波动，同时制度还能根据现实需要以及制度自身发展逻辑进行自觉调整或修正。

再次，形成高效的制度运行态势。一是不仅政治、经济、文化、社会和生态文明等方面制度之间能够协调发展，而且各个领域制度体制机制内各要素之间能够相互耦合、相辅相成。二是制度和其他与制度密切相关、对制度运行有较大影响的各种要素之间能够相互协调和促进。比如，制度与文化、制度与意识形态、制度与道德、制度与利益等。三是制度执行力好，就是制度不能形同虚设，要有强有力的制度执行力。

最后，制度价值和优势得到最大化发挥。制度逐步定型化的过程，是制度不断趋于制度价值的过程，是制度价值逐步实现的过程。同时，制度定型化过程也是制度优势得到最大化发挥，制度的潜在优势进一步凸显的过程。制度定型化就是制度价值和制度优势得到最大化体现，从而达到“管用”的目的。

制度定型化不是制度尽善尽美、停滞发展，而是要实现制度在发展中定型、在定型中发展的统一，从而形成制度自觉地“新陈代谢”的良好态势。

三、强化制度执行力，提升制度权威

英国哲学家培根说过，有制度不执行，比没有制度危害还要大。因为有制度不执行，很容易导致制度本身失去应有的约束力和公信力。因此，制度不能形同虚设，不能形成“写在纸上、贴在墙上、念在嘴上”，只有让制度从书本中走出来、从墙上走下来，成为党员领导干部必须不折不扣遵守的“红线”和禁足的“雷区”，才能够强化制度执行力，不断提升制度权威。

习近平总书记指出，我们的制度体系还要完善，但当前突出的问题在于很多制度没得到严格执行。制度的生命力在于执行，有了制度没有严格执行就会形成“破窗效应”。他在省部级主要领导干部学习贯彻十八届三中全会精神全面深化改革专题研讨班上又指出，应该看到，制度执行力、治理能力已经成为影响我国社会主义制度优势充分发挥、党和国家事业顺利发展的重要因素。

首先，强化制度执行力。制度在治理国家中起着根本性、全局性、长远性作用，但是再好的制度不执行或不很好地执行也难以发挥作用，因此必须不断提高制度执行力。2014 年习近平总书记指导河南省兰考县委常委班子专题民主生活会时指出：“我们的制度不少，可以说基本形成，但不要让它们形同虚设，成为‘稻草人’，形成‘破窗效应’。很多情况没有监督，违反了也没有任何处理。这样搞，谁会把制度当回事呢？……我们的制度有些还不够健全，已经有的铁笼子门没关上，没上锁。或者栅栏太宽了，或者栅栏是用麻秆做的，那也不行。现有制度都没执行好，再搞新的制度，可以预言也会是白搭。所以，我说一分部署还要九分落实。制定制度很重要，更重要的是抓落实，九分气力要花在这上面。”“要坚持制度面前人人平等、执行制度没有例外，不留‘暗门’、不开‘天窗’，坚决维护制度的严肃性和权威性，坚决纠正有令不行、有禁不止的行为，使制度成为硬约束而不是‘橡皮筋’。”

> **名言金句**
>
> 用最严格制度最严密法治保护生态环境，加快制度创新，强化制度执行，让制度成为刚性的约束和不可触碰的高压线。
>
> ——习近平

其次，加强制度执行监督。

加强制度执行监督是强化制度执行力的保障。真正使一项好的制度成为执行者的行为规范和自觉行动，既要靠制度本身的约束力、强制力，更要靠来自各方面的监督检查。马克思、恩格斯说过，一切公职人员必须“在公众监督之下进行工作”，这样“能可靠地防止人们去追求升官发财”和“追求自己的特殊利益”。习近平总书记指出，“国家治理体系和治理能力是一个国家制度和制度执行能力的集中体现”，“要强化制度执行力，加强制度执行的监督，切实把我国制度优势转化为治理效能”。又强调：“治理国家，制度是起根本性、全局性、长远性作用的。然而，没有有效的治理能力，再好的制度也难以发挥作用。”加强制度执行的监督，关键是要形成制度执行监督体系。一是党内监督。重点加强对高级干部、各级主要领导干部的监督，完善领导班子内部监督制度，破解“一把手”监督和同级监督难题。二是监察部门监督。监察部门要发挥监督检查作用，加大抽查暗访，加重惩戒力度，严格检查，公开通报，始终保持绝不手软的高压态势。对个别地方和部门，挖空心思搞“下有对策”，或者我行我素、依然如故的现象，要严肃处理。三是群众监督。人民群众是最强大的监督力量。要发挥人民群众的监督作用，构建健全的群众监督机制，包括民情民意合理表达机制、人民群众积极参与机制、人民群众检举揭发机制等。同时还要健全人大监督、民主监督、行政监督、司法监督、舆论监督、审计监督等。习近平总书记指出：“要把党内监督同国家监察、群众监督结合起来，同法律监督、民主监督、审计监督、司法监督、舆论监督等协调起来，形成监督合力，推进国家治理体系和治理能力现代化。”

最后，培育良好的制度运行环境。制度运行受到社会道德、社会风气等制度运行环境的影响。一方面，良好的社会道德、社会风气等对人的行为和实践具有强大的规范和制约作用，能够弥补制度的不足。博登海默谈到法律时指出：“虽然在有组织的社会的历史上，法律作为人际关系的调节器一直发挥着巨大的和决定性的作用，但在任何这样的社会中，仅仅依凭法律这一社会控制力量显然是不够的。实际上，还存在一些能够指导或引导人们行为的其他工具，这些工具是在实现社会目标的过程中用以补充或部分替代法律手段的。这些工具包括权力、行政、道德和习惯。”另一方面，良好的社会道德、社会风气等能够促进制度的有效执行和实施。如果没有良好的社会道德和社会风气等，人们就可能想尽办法钻制度的空子或公然在制度涉及不到的领域胡作非为而得不到任何道德性“惩罚”，制度作用的发挥就会大打折扣，严重消解制度权威。

只有强化制度执行力，才能树立和提升制度权威，同时也只有树立制度权威，才能提高制度执行力，二者之间相互联系、互相促进。谈到宪法时，习近平总书记强调：“要在全社会牢固树立宪法法律权威，弘扬宪法精神，任何组织和个人都必须在宪法法律范围内活动，都不得有超越宪法法律的特权。”树立和提高制度权威，最重要的是制度面前人人平等、制度面前没有特权、制度约束没有例外。尤其是党的领导干部，要对法律怀有敬畏之心，牢记法律红线不可逾越、法律底线不可触碰，带头遵守法律，带头依法办事，不得违法行使权力，更不能以任何借口任何形式以言代法、以权压法、徇私枉法。要坚决反对和防止随意变通、恶意规避等严重破坏制度的行为。防止制度被架为空壳，损害制度权威。只有树立制度权威，才能促进制度的有效执行。

四、坚定制度自信与改革创新的统一

习近平总书记指出：“我们说坚定制度自信，不是要固步自封，而是要不断革除体制机制弊端，让我们的制度成熟而持久。”又指出，制度自信不是自视清高、自我满足，更不是裹足不前、固步自封，而是要把坚定制度自信和不断改革创新统一起来。

坚定制度自信需要对制度建设中存在的问题有深刻、清醒的认识。坚定制度自信并不意味着制度不存在问题了，对制度建设中存在的问题有深刻、清醒的认识是制度自信的重要逻辑前提，这体现了以习近平同志为核心的党中央高度的制度自觉。习近平总书记强调："中国特色社会主义制度是特色鲜明、富有效率的，但还不是尽善尽美、成熟定型的。中国特色社会主义事业不断发展，中国特色社会主义制度也需要不断完善。"他还对当前制度建设中面临的深层次问题有清醒的认识。他指出："中国改革……已进入深水区，可以说，容易的、皆大欢喜的改革已经完成了，好吃的肉都吃掉了，剩下的都是难啃的硬骨头。"比如，社会制度和生态文明制度建设相对落后，制度体系还缺乏系统性、耦合性，制度环境建设仍需不断加强等，也就是说，与制度需求相比，还存在制度缺失、滞后、失灵的问题，存在制度贯彻和落实不力的问题。

坚定制度自信并不意味着制度尽善尽美，不需要创新和发展。习近平总书记指出，坚定制度自信，离不开改革，我们全面深化改革，不断革除体制机制弊端，是要使中国特色社会主义制度更好，更成熟而持久，只有这样，制度自信才能更为彻底和久远。从辩证法的角度看，制度始终处于变动之中，总是随着实践和时代发展而不断发展。党的十八届三中、四中、五中全会都强调通过制度改革和创新，破解发展新阶段的深层次矛盾和问题，发展和完善中国特色社会主义制度，推进国家治理体系和治理能力现代化。党的十九大报告再次提出："必须坚持和完善中国特色社会主义制度，不断推进国家治理体系和治理能力现代化，坚决破除一切不合时宜的思想观念和体制机制弊端，突破利益固化的藩篱，吸收人类文明有益成果，构建系统完备、科学规范、运行有效的制度体系，充分发挥我国社会主义制度优越性。"党的十九届四中全会强调，坚持和完善支撑中国特色社会主义制度的根本制度、基本制度、重要制度，着力固根基、扬优势、补短板、强弱项，构建系统完备、科学规范、运行有效的制度体系，加强系统治理、依法治理、综合治理、源头治理，把我国制度优势更好地转化为国家治理效能，为实现“两个一百年”奋斗目标、实现中华民族伟大复兴的中国梦提供有力保证。

只有坚定制度自信，才能有改革创新的勇气。习近平总书记明确提出，没有坚定的制度自信就不可能有全面深化改革的勇气。我国改革进入攻坚期和深水区，能不能保持强烈的进取意识，打好这场攻坚战，关键看有没有信心。坚定制度自信才能有改革自觉和创新自觉，才能统一思想、凝聚共识，增强推进责任感和使命感，才能深刻认识制度发展需要与制度实践、制度执行要求与制度执行现实等之间的矛盾和差距，才能自觉地和大胆地提出实践发展中的问题、制度完善中的弊端，并积极探寻解决问题之道。同时，坚定制度自信才能有底气回答改革创新过程中的各种问题，包括对中国特色社会主义制度性质的质疑问题、对西方价值观和政治主张以及制度盲目崇拜问题等。这些都严重影响广大人民群众的制度自信。只有坚定制度自信，才能形成强大的精神支柱和信仰，科学和坚定地回答这些问题，不为各种噪声、杂音所扰，不为各种错误思潮所惑，做到任尔东西南北风，我自岿然不动。

只有坚定制度自信，才能具有强大的信念支撑。习近平总书记指出，一个国家，一个民族，要同心同德迈向前进，必须有共同的理想信念做支撑。我们要“不断增强道路自信、理论自信、制度自信，让理想信念的明灯永远在全国各族人民心中闪亮”。而坚定理想信念，坚守共产党人的精神追求，始终是共产党人安身立命的根本，是共产党人的政治灵魂，是共产党人经受住任何考验的精神支柱。坚定制度自信也是民族自信心的体现。只有坚定制度自信，才能提高民族自尊心和民族自信心，否则我们就不可能建设中国特色社会主义，就会被种种资本主义势力所侵蚀腐化。绝

> **名言金句**
>
> 当今世界，要说哪个政党、哪个国家、哪个民族能够自信的话，那中国共产党、中华人民共和国、中华民族是最有理由自信的。
>
> ——习近平

不允许把我们学习资本主义社会的某些技术和某些管理的经验，变成了崇拜资本主义外国，受资本主义腐蚀，丧失社会主义中国的民族自豪感和民族自信心。习近平总书记指出：“站立在九百六十多万平方公里的广袤土地上，吸吮着五千多年中华民族漫长奋斗积累的文化养分，拥有十三亿多中国人民聚合的磅礴之力，我们走中国特色社会主义道路，具有无比广阔的时代舞台，具有无比深厚的历史底蕴，具有无比强大的前进定力。”

结语 EPILOGUE

新时代青年要坚定制度自信

“青年兴则国家兴，青年强则国家强。青年一代有理想、有本领、有担当，国家就有前途，民族就有希望。”青年自信则国家自信。新时代中国青年处在中华民族发展的最好时期，也处在中国特色社会主义制度完善发展的关键时期，既面临着难得的建功立业的人生际遇，也面临着“天将降大任于斯人”的时代使命，青年是中国特色社会主义制度成熟定型的践行者，也是实现中华民族伟大复兴的先锋力量。

社会主义合格建设者必须有坚定的制度自信。青年是整个社会力量中最积极、最有生气的力量。现在的在高校学习的大学生都是20岁左右，到2035年基本实现社会主义现代化时，很多人还不到40岁，到本世纪中叶把我国建成富强民主文明和谐美丽的社会主义现代化强国时，很多人也才50岁左右。也就是说，在全面建成小康社会的基础上，再奋斗两个十五年，使中华民族以更加昂扬的姿态屹立于世界民族之林，他们和千千万万青年将全过程参与。只有坚定制度自信，才能克服青年成长成才过程中面临的各种思潮干扰和困惑，拨云见日，防止误入“歧途”；才能坚持正确的政治方向，树立坚定的政治自信，认清和自觉担当时代使命，为实现“两个一百年”奋斗目标、实现中华民族伟大复兴的中国梦而奋斗。

社会主义可靠接班人必须有坚定的制度自信。新时代青年享受着中国特色社会主义事业的发展成果，体验着中国特色社会主义事业发展创造的良好环境和条件，见证着中国特色社会主义事业的快速发展。但是，社会发展要路过各种沟沟坎坎，不是一帆风顺的，面对各种问题，年轻人可能会被诸多社会表面现象所迷惑或困扰，体会不到中国特色社会主义制度优越性，也许会怀疑社会主义发展的历史必然性。这就需要向新时代青年学生讲清楚中国特色社会主义制度的科学内涵、历史形成、巨大优势、鲜明特色等基本理论问题，引导他们自觉地探索中国特色社会主义事业蓬勃发展背后的制度性因素，客观地思考中国特色社会主义事业发展中的矛盾和问题，理性地辨别生活和学习中面临的各种思想困惑，深切地体验中国特色社会主义制度带来的获得感，从而自觉增强中国特色社会主义制度自信。

青年要担当起民族复兴的时代使命，就要坚持社会主义、坚持党的领导、坚持中国特色社会主义制度。坚定制度自信不是一句口号，要体现在具体实践中。新时代青年不仅要在思想上坚定中国特色社会主义方向，坚持中国特色社会主义制度，更要自觉投入实践，在工作生活中落实制度自信。一方面，自觉维护中国特色社会主义制度权威，树立与这个时代主题同心同向的理想信念，勇于担当这个时代赋予的历史责任，勇挑重担、勇克难关、勇斗风险，勇立时代潮头，争做时代先锋。另一方面，积极担当完善发展中国特色社会主义制度的重任，保持“永久奋斗”的传统。青春就是用来奋斗的，“为实现中华民族伟大复兴的中国梦而奋斗，是我们人生难得的际遇。每个青年都应该珍惜这个伟大时代，做新时代的奋斗者”。

后记 POSTSCRIPT

本书面向新时代青年，尤其是新时代大学生群体，适应新时代青年成长成才要求，围绕新时代青年关心和关注的问题，通俗易懂地对制度自信的基本问题、热点问题、焦点问题、疑惑问题等进行了较为系统的阐释和回答。相信通过阅读这本书，各位读者一定能探寻到使自己长期困惑的问题的答案，更加坚定中国特色社会主义制度自信，坚定中国特色社会主义信仰，激发自己的责任担当意识和主人翁精神，从而自觉努力刻苦学习，勇于砥砺奋斗，练就过硬本领，锤炼品德修为，积极投身实现中华民族伟大复兴的实践中。

本书提纲拟定、框架构建、问题设置是在清华大学肖贵清教授的主持下，由四位学者集体确定。参加本书起草和撰写工作的有清华大学肖贵清教授、天津师范大学刘玉芝教授、山西师范大学贾绘泽教授、湖南大学龙兵教授，最后由肖贵清教授、刘玉芝教授、贾绘泽教授负责统稿、定稿。

图书在版编目（CIP）数据

制度何以自信 / 肖贵清等著. -- 北京 : 中国人民大学出版社，2020.12
（“读懂新时代”丛书）
ISBN 978-7-300-27502-4

Ⅰ. ①制… Ⅱ. ①肖… Ⅲ. ①中国特色社会主义－社会主义制度－研究 Ⅳ. ① D621

中国版本图书馆 CIP 数据核字（2019）第 216469 号

“读懂新时代”丛书
教育部组织编写
制度何以自信
肖贵清 等◎著
Zhidu Heyi Zixin

出版发行	中国人民大学出版社		
社　　址	北京中关村大街 31 号	**邮政编码**	100080
电　　话	010-62511242（总编室）		010-62511770（质管部）
	010-82501766（邮购部）		010-62514148（门市部）
	010-62515195（发行公司）		010-62515275（盗版举报）
网　　址	http://www.crup.com.cn		
经　　销	新华书店		
印　　刷	北京瑞禾彩色印刷有限公司		
规　　格	170mm×240mm　16 开本	**版　　次**	2020 年 12 月第 1 版
印　　张	10.25 插页 1	**印　　次**	2020 年 12 月第 1 次印刷
字　　数	113 000	**定　　价**	48.00 元